HEBREW THROUGH PRAYER

דֶּרֶךְ תְּפִלָּה

3

Terry Kaye

BEHRMAN HOUSE, INC.

The editor and publisher gratefully acknowledge the cooperation of the following sources of photographs for this book:
Francene Keery, 23, 62, 64; Academy/Devorah Preiss, 84; United Nations, 53; Peter Wallburg Studio, 10.

Special thanks to Elaine Kadison Brown and Congregation B'nai Jeshurun of Short Hills, New Jersey for their cooperation (photograph appears on page 38).

Special thanks to Congregation Emanu-El of the city of New York for their cooperation (photographs appear on pages 62 and 64).

Book Design: Itzhack Shelomi
Cover Design: Robert J. O'Dell
Cover Photos: Francene Keery and Sharon Faulkner (bottom right)
Illustrator: Joni Levy Liberman
Project Editor: Adam Siegel

235 Watchung Avenue, West Orange, New Jersey 07052
ISBN 0-87441-597-7
Manufactured in the United States of America

Contents

1 לְכָה דוֹדִי

The prayer service on Friday evening begins with an introductory service called Kabbalat Shabbat (Receiving Shabbat). As we begin the service, we sing a joyful song, a hymn, of welcome: לְכָה דוֹדִי לִקְרַאת כַּלָּה, "Let us go, my beloved, to meet the Bride."

• • • • • • • • •

Practice reading the first verses of לְכָה דוֹדִי and the last verse.

1 לְכָה דוֹדִי לִקְרַאת כַּלָּה, פְּנֵי שַׁבָּת נְקַבְּלָה:

2 שָׁמוֹר וְזָכוֹר בְּדִבּוּר אֶחָד הִשְׁמִיעָנוּ אֵל הַמְיֻחָד.

3 יְיָ אֶחָד וּשְׁמוֹ אֶחָד לְשֵׁם וּלְתִפְאֶרֶת וְלִתְהִלָּה:

4 לִקְרַאת שַׁבָּת לְכוּ וְנֵלְכָה כִּי הִיא מְקוֹר הַבְּרָכָה.

5 מֵרֹאשׁ מִקֶּדֶם נְסוּכָה סוֹף מַעֲשֶׂה בְּמַחֲשָׁבָה תְּחִלָּה:

6 בּוֹאִי בְשָׁלוֹם עֲטֶרֶת בַּעְלָהּ גַּם בְּשִׂמְחָה וּבְצָהֳלָה,

7 תּוֹךְ אֱמוּנֵי עַם סְגֻלָּה, בֹּאִי כַלָּה, בֹּאִי כַלָּה:

Let us go, my beloved, to meet the Bride, let us greet Shabbat.

"Keep" and "Remember" in one Commandment, the one and the only God made us hear.
Adonai is One and God's name is One, for honor and glory and praise.

To greet Shabbat come let us go, for it is the source of blessing.
From the beginning of time Shabbat is appointed; though last in creation, it was first in God's thought.

Come in peace, crown of your husband, in joy and in gladness,
In the midst of the faithful of the treasured people. Come, O Bride! Come, O Bride!

Prayer Dictionary

לְכָה
go

דוֹדִי
my beloved

כַּלָּה
bride

פְּנֵי
the face of

נְקַבְּלָה
let us receive

שָׁמוֹר
keep

זָכוֹר
remember

בּוֹאִי
come

Prayer Dictionary

Match the action word to its English meaning.

keep	 לְכָה
come	שָׁמוֹר
go	זָכוֹר
remember	בּוֹאִי

What's Missing?

Fill in the Hebrew word that completes each phrase.

1 לְכָה __________ לִקְרַאת כַּלָּה
my beloved

2 __________ שַׁבָּת נְקַבְּלָה
the face of

3 __________ וְזָכוֹר בְּדִבּוּר אֶחָד
keep

4 בּוֹאִי __________
bride

Prayer Background

Jewish mystics in the sixteenth century would welcome Shabbat with the words, "Come, let us go to greet the Shabbat Queen," and would go out into the fields on a Friday evening singing songs to welcome Shabbat.

Today, we do not go into the fields, but we do continue to sing the most famous of those songs to welcome Shabbat, לְכָה דוֹדִי.

לְכָה דוֹדִי was written by Rabbi Shlomo Halevi Alkabetz in 1540. That makes this prayer relatively new. The שְׁמַע, for example, became part of our prayer service nearly 2,000 years ago!

Prayer Building Blocks

לְכָה דוֹדִי "Let us go, my beloved"

לְכָה means "let us go."

The root of לְכָה is הלכ.
The root הלכ tells us that "go"or "walk" is part of a word's meaning.

דוֹדִי means "my beloved."

"My beloved" may refer to God, whom we ask to come with us and greet Shabbat.
"My beloved" may also be a friendly way of referring to other worshippers.

לִקְרַאת כַּלָּה "to meet the bride"

The central metaphor of לְכָה דוֹדִי is the description of Shabbat as a bride.

כַּלָּה means "bride"

The Hebrew word for *groom* is חָתָן.

Complete the phrase.

groom and bride ______________ חָתָן וְ

פְּנֵי שַׁבָּת נְקַבְּלָה "let us greet (receive) the Shabbat"

פָּנִים means "face."

פְּנֵי literally means "the face of."

לְקַבֵּל means "to greet" or "to receive."

נְקַבְּלָה means "let us greet" or "let us receive."

The Hebrew expression לְקַבֵּל אֶת פְּנֵי... literally means "to receive the face of...." However, we translate the expression as "to welcome" or "to greet." The poet is asking God, the "beloved," to come with us to welcome or to greet Shabbat.

Roots

The root letters of נְקַבְּלָה are קבל.
The root קבל tells us that "receive" or "welcome" is part of a word's meaning.

The service in which we welcome Shabbat on a Friday night is called קַבָּלַת שַׁבָּת, Kabbalat Shabbat. Upon conclusion of this brief service, the Evening Service (מַעֲרִיב) begins.

Circle the root letters of the word קַבָּלַת.

What does this root mean? ______________

שָׁמוֹר וְזָכוֹר "Keep and Remember"

שָׁמוֹר means "keep."

The root letters of שָׁמוֹר are שמר.

The root שמר tells us that "keep" or "guard" are part of the word's meaning.

זָכוֹר means "remember."

The root letters of זָכוֹר are זכר.

The root זכר tells us that "remember" is part of the word's meaning.

Root Reading Practice

Read the phrases below. In each line circle the word with the root שמר.

1 וְשָׁמְרוּ בְנֵי יִשְׂרָאֵל אֶת הַשַּׁבָּת

2 שָׁמוֹר אֶת יוֹם הַשַּׁבָּת לְקַדְּשׁוֹ

3 לִשְׁמֹעַ לִלְמֹד וּלְלַמֵּד, לִשְׁמֹר וְלַעֲשׂוֹת

4 יִשְׂמְחוּ בְמַלְכוּתְךָ שׁוֹמְרֵי שַׁבָּת וְקוֹרְאֵי עֹנֶג

5 שׁוֹמֵר יְיָ אֶת כָּל אֹהֲבָיו

Did You Know?

The Ten Commandments appear twice in the Torah. In the Book of Deuteronomy we are told to שָׁמוֹר, "keep" or "guard," Shabbat. In the Book of Exodus the Commandment tells us to זָכוֹר, "remember," Shabbat.

We light at least two candles on Shabbat to represent the two commandments to observe Shabbat: שָׁמוֹר אֶת יוֹם הַשַּׁבָּת and זָכוֹר אֶת יוֹם הַשַּׁבָּת.

A Poetic Device

לְכָה דוֹדִי is an acrostic. In an acrostic the first letters of certain words spell out a new "secret" word or the aleph-bet.

You will find the complete לְכָה דוֹדִי on page 11 at the end of this chapter. Circle the first letter of lines 2, 4, 6, 8, 10, 12, 14, 16.

Write the 8 letters you have circled in the spaces below.

Can you figure out whose name you have written?

_____ _____ _____ _____ _____ _____ _____ _____

Let's examine the final verse of לְכָה דוֹדִי.

בּוֹאִי בְשָׁלוֹם... בֹּאִי כַלָּה "Come in peace... Come O Bride"

בּוֹאִי	is a command word meaning "come."
בְשָׁלוֹם	means "in peace."
בְ	means _______________.
שָׁלוֹם	means _______________.
כַּלָּה	we know means "bride."
בֹּאִי כַלָּה	means _______________.

Roots

The root letters of בָּאִי are בוא.
The root בוא tells us that "come" is part of a word's meaning.

Read the following prayer phrases. Underline the words with the root בוא.
(Note: Sometimes the root letter ו is missing.)

1 בֹּאוּ וְנֵצֵא לִקְרַאת שַׁבָּת הַמַּלְכָּה

2 אֲנִי מַאֲמִין בֶּאֱמוּנָה שְׁלֵמָה בְּבִיאַת הַמָּשִׁיחַ

3 בּוֹאֲכֶם לְשָׁלוֹם, מַלְאֲכֵי הַשָּׁלוֹם

4 וַאֲנִי בְּרֹב חַסְדְּךָ אָבוֹא בֵיתֶךָ

5 יַעֲלֶה וְיָבֹא וְיִזָּכֵר זִכְרוֹנֵנוּ

In the Synagogue

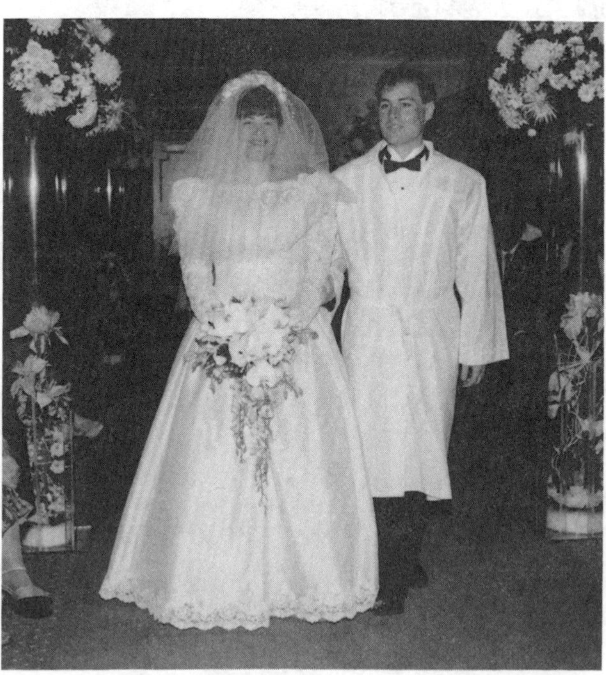

Have you ever been to a wedding? In some congregations the guests stand to honor the bride as she enters. All eyes turn to the back of the room as she appears. In the same way, as we sing the last verse of לְכָה דוֹדִי many congregations rise and face the rear of the synagogue to welcome the Shabbat bride.

Fluent Reading: לְכָה דוֹדִי

Practice reading the entire לְכָה דוֹדִי.

לְכָה דוֹדִי לִקְרַאת כַּלָּה פְּנֵי שַׁבָּת נְקַבְּלָה:
שָׁמוֹר וְזָכוֹר בְּדִבּוּר אֶחָד הִשְׁמִיעָנוּ אֵל הַמְיֻחָד
יְיָ אֶחָד וּשְׁמוֹ אֶחָד לְשֵׁם וּלְתִפְאֶרֶת וְלִתְהִלָּה:
לִקְרַאת שַׁבָּת לְכוּ וְנֵלְכָה כִּי הִיא מְקוֹר הַבְּרָכָה
מֵרֹאשׁ מִקֶּדֶם נְסוּכָה סוֹף מַעֲשֶׂה בְּמַחֲשָׁבָה תְּחִלָּה:
מִקְדַּשׁ מֶלֶךְ עִיר מְלוּכָה קוּמִי צְאִי מִתּוֹךְ הַהֲפֵכָה
רַב לָךְ שֶׁבֶת בְּעֵמֶק הַבָּכָא וְהוּא יַחֲמוֹל עָלַיִךְ חֶמְלָה:
הִתְנַעֲרִי מֵעָפָר קוּמִי לִבְשִׁי בִּגְדֵי תִפְאַרְתֵּךְ עַמִּי
עַל־יַד בֶּן־יִשַׁי בֵּית־הַלַּחְמִי קָרְבָה אֶל נַפְשִׁי גְאָלָהּ:
הִתְעוֹרְרִי הִתְעוֹרְרִי כִּי בָא אוֹרֵךְ קוּמִי אוֹרִי
עוּרִי עוּרִי שִׁיר דַּבֵּרִי כְּבוֹד יְיָ עָלַיִךְ נִגְלָה:
לֹא תֵבֹשִׁי וְלֹא תִכָּלְמִי מַה־תִּשְׁתּוֹחֲחִי וּמַה־תֶּהֱמִי
בָּךְ יֶחֱסוּ עֲנִיֵּי עַמִּי וְנִבְנְתָה עִיר עַל־תִּלָּהּ:
וְהָיוּ לִמְשִׁסָּה שֹׁאסָיִךְ וְרָחֲקוּ כָּל־מְבַלְּעָיִךְ
יָשִׂישׂ עָלַיִךְ אֱלֹהָיִךְ כִּמְשׂוֹשׂ חָתָן עַל־כַּלָּה:
יָמִין וּשְׂמֹאל תִּפְרֹצִי וְאֶת־יְיָ תַּעֲרִיצִי
עַל־יַד אִישׁ בֶּן־פַּרְצִי וְנִשְׂמְחָה וְנָגִילָה:
בּוֹאִי בְשָׁלוֹם עֲטֶרֶת בַּעְלָהּ גַּם בְּשִׂמְחָה וּבְצָהֳלָה
תּוֹךְ אֱמוּנֵי עַם סְגֻלָּה בּוֹאִי כַלָּה, בּוֹאִי כַלָּה:

2 וְשָׁמְרוּ

In the Friday Evening Service, just before we recite the עֲמִידָה, we sing two beautiful verses from the Torah — וְשָׁמְרוּ — whose words describe the importance of Shabbat to the Jewish people.

• • • • • • • • • • •

Practice reading וְשָׁמְרוּ aloud.

וְשָׁמְרוּ בְנֵי־יִשְׂרָאֵל אֶת־הַשַּׁבָּת, לַעֲשׂוֹת אֶת־הַשַּׁבָּת לְדֹרֹתָם
בְּרִית עוֹלָם. בֵּינִי וּבֵין בְּנֵי יִשְׂרָאֵל אוֹת הִיא לְעֹלָם, כִּי שֵׁשֶׁת
יָמִים עָשָׂה יְיָ אֶת־הַשָּׁמַיִם וְאֶת־הָאָרֶץ, וּבַיּוֹם הַשְּׁבִיעִי שָׁבַת
וַיִּנָּפַשׁ.

And the children of Israel shall keep the Shabbat, to make the Shabbat as an eternal covenant for their generations. Between Me and the children of Israel it is a sign forever, that in six days Adonai made the heavens and the earth, and on the seventh day Adonai rested and was refreshed.

PRAYER DICTIONARY

וְשָׁמְרוּ
and shall keep

בְּנֵי
the children of

יִשְׂרָאֵל
Israel

לַעֲשׂוֹת
to make

לְדֹרֹתָם
for their generations

בְּרִית
covenant

עוֹלָם
eternal

הַשָּׁמַיִם
the heavens

הָאָרֶץ
the earth

שָׁבַת
rested

Search and Circle

Circle the Hebrew word that means the same as the English.

Israel	יִצְחָק	יִשְׂרָאֵל	יְרוּשָׁלַיִם
eternal	עוֹלָם	אַבְרָהָם	אָמֵן
the heavens	הַשָּׁמַיִם	הָעַמִּים	הַמְּלָכִים
covenant	דִּבּוּר	כַּלָּה	בְּרִית
the earth	הַתּוֹרָה	הָאָרֶץ	הַשַּׁבָּת

Shabbat Match

Use the English words in the box below to write the English meaning above the correct Hebrew word.

for their generations **to make** **the children of**
rested **and shall keep**

__________ __________

וְשָׁמְרוּ לְדֹרֹתָם

__________ __________ __________

לַעֲשׂוֹת שָׁבַת בְּנֵי

Prayer Building Blocks

וְשָׁמְרוּ בְנֵי־יִשְׂרָאֵל אֶת־הַשַּׁבָּת

"and the children of Israel shall keep the Shabbat"

וְשָׁמְרוּ means "and shall keep."

וְ means ________________.

שָׁמְרוּ means ________________.

What must the Jews keep? Write your answer in Hebrew. ______________________.

What is the root of וְשָׁמְרוּ? _____ _____ _____

What does this root mean? ________________

Circle the word with the same root in this sentence.

"שָׁמוֹר" "וְזָכוֹר" בְּדִבּוּר אֶחָד

In which hymn is this line found? ________________

Give one example of what it means to *keep* Shabbat.

____

____

An Ethical Echo

שְׁמִירַת הַלָּשׁוֹן, Guarding Your Tongue, is a mitzvah that tells us not to gossip, spread rumors, or tell lies. When we don't guard our tongues, we indulge in לְשׁוֹן הָרָע, "the tongue of evil." How would you explain the phrase "the tongue of evil"? Do you recognize a root you know in the phrase שְׁמִירַת הַלָּשׁוֹן?

A Point to Ponder

There's an old English saying that "sticks and stones can break my bones, but names can never hurt me." Do you agree with those words?

בְּנֵי־יִשְׂרָאֵל "the children of Israel"

בְּנֵי or בְנֵי means "the children of."

בָּנִים means "children."

בָּנִים is the plural of בֵּן.

בֵּן means ________________.

Circle the part of בָּנִים that shows it is plural. בָּנִים

יִשְׂרָאֵל we know, means ________________.

בְּנֵי־יִשְׂרָאֵל means ________________________.

Did You Know?

Israel was the name by which our ancestor Jacob was known. Israel means "to struggle with God." Jacob was given the name by an angel of God after Jacob and the angel wrestled — and Jacob won! The children of Jacob and later generations became known as בְּנֵי־יִשְׂרָאֵל, the children of Israel — the Jewish people.

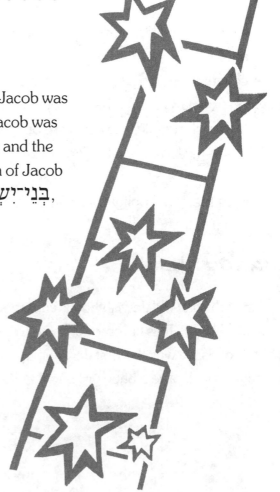

לַעֲשׂוֹת אֶת־הַשַּׁבָּת לְדֹרֹתָם בְּרִית עוֹלָם
"to make the Shabbat as an eternal covenant for their generations"

לַעֲשׂוֹת means "to make."

The root of לַעֲשׂוֹת is עשׂה.

What is the meaning of this root? ________________

Underline the word with the same root in this line from וְשָׁמְרוּ.

כִּי שֵׁשֶׁת יָמִים עָשָׂה יְיָ אֶת־הַשָּׁמַיִם וְאֶת־הָאָרֶץ

The Covenant הַבְּרִית

God told the children of Israel to make the Shabbat as an *eternal covenant* for all their generations.

A covenant — בְּרִית — is a treaty or an agreement. It implies a special relationship between two parties, who have obligations to one another. In the בְּרִית between God and the Jewish people, the Jews are obliged to fulfill God's mitzvot, and, in return, God promises to give the Jews the land of Israel and to watch over them.

Part of the Jews' obligation is to keep Shabbat throughout all their generations.

Did You Know?

An eight-day-old Jewish boy is circumcised in a ceremony called a "bris" (בְּרִית מִילָה). This ceremony was part of the covenant between God and Abraham, whose son Isaac was the first Jewish boy to be circumcised. What kind of ceremony do we have to welcome a baby girl into Jewish life?

Covenant Quiz

Complete these questions on the בְּרִית.

1. What is the English meaning of בְּרִית? ________________

2. **True or False:** A בְּרִית means that both parties have special responsibilities to one another.

   ____

3. Complete the sentence with the correct *Hebrew* words:

   בְּרִית is an agreement or treaty between God and ________________________

4. Name one thing the Jews must do as part of their obligation to keep the covenant.

   ____

   Name one thing God does as part of the בְּרִית.

   ____

• • • • • • • • •

בְּרִית עוֹלָם means "eternal covenant."

עוֹלָם can mean "eternal (forever)" or "world."

What does עוֹלָם mean in each line below — "eternal" or "world"? Read each sentence and write your answer on the blank line.

1 בָּרוּךְ אַתָּה, יְיָ אֱלֹהֵינוּ, מֶלֶךְ הָעוֹלָם, בּוֹרֵא
פְּרִי הָעֵץ. ________________

2 בָּרוּךְ שֵׁם כְּבוֹד מַלְכוּתוֹ לְעוֹלָם וָעֶד. ________________

לְדֹרֹתָם means "for (all) their generations."

לְ means "for."

דּוֹר means "generation."

דּוֹרוֹת is the plural for דּוֹר.

Circle the part of דּוֹרוֹת that shows it is plural. דּוֹרוֹת

דּוֹר means ________________.

דּוֹרוֹת means ________________.

ָם is a word ending (suffix) that means "their" or "them."

Circle the word ending in each of these words.

וְשִׁנַּנְתָּם בָּם וּקְשַׁרְתָּם וּכְתַבְתָּם וּבִתְפִלָּתָם

What does this word ending mean? ________________.

In the Synagogue

You have learned that we say וְשָׁמְרוּ immediately before the עֲמִידָה on a Friday evening. On Shabbat morning וְשָׁמְרוּ is *part* of the עֲמִידָה. Try to find וְשָׁמְרוּ in *your* prayerbook.

Prayer Building Blocks

כִּי־שֵׁשֶׁת יָמִים עָשָׂה יְיָ אֶת־הַשָּׁמַיִם וְאֶת־הָאָרֶץ

"in six days Adonai made the heavens and the earth"

אֶת־הַשָּׁמַיִם וְאֶת־הָאָרֶץ means "the heavens and the earth."

הַשָּׁמַיִם means ________________.

הַ means ________________.

שָׁמַיִם means ________________.

הָאָרֶץ means ________________.

הָ means ________________.

אֶרֶץ means ________________.

Back to the Sources

The first line of the entire Torah says: "In the beginning God created the heavens and the earth."

Circle the phrase for "the heavens and the earth" in the first line of the Torah.

בְּרֵאשִׁית בָּרָא אֱלֹהִים אֵת הַשָּׁמַיִם וְאֵת הָאָרֶץ׃ 1

When God finished creating the world, the Torah says: "And the heavens and the earth were finished, and everything in them."

Circle the phrase for "the heavens and the earth" in this line from the Torah.

וַיְכֻלּוּ הַשָּׁמַיִם וְהָאָרֶץ וְכָל־צְבָאָם׃ 1

שָׁבַת means "rested."

Do you see the connection between שָׁבַת — *rested* — and שַׁבָּת — *Shabbat?*

Both words have the root שׁבת.

The root שׁבת means that "rested" or "stopped working" is part of a word's meaning.

Read the words below. Circle the root letters שׁבת in these words.

וַיִּשְׁבֹּת   שַׁבָּתוֹן   תִּשְׁבֹּת   שַׁבַּת־הַגָּדוֹל

What root do the words above share? ______ ______ ______

What does this root mean? ________________

Back to the Sources

The first mention of a day of rest appears in the Creation story: "And God rested on the seventh day from all the work God had made. And God blessed the seventh day, and made it holy because on it God rested from all the work, which God in creating had made" (Genesis 2:2-3).

Read the Bible passage below. Underline the two words that mean "rested."

2 וַיִּשְׁבֹּת בַּיּוֹם הַשְּׁבִיעִי מִכָּל־מְלַאכְתּוֹ אֲשֶׁר עָשָׂה׃

3 וַיְבָרֶךְ אֱלֹהִים אֶת־יוֹם הַשְּׁבִיעִי וַיְקַדֵּשׁ אֹתוֹ כִּי בוֹ שָׁבַת

מִכָּל־מְלַאכְתּוֹ אֲשֶׁר־בָּרָא אֱלֹהִים לַעֲשׂוֹת׃

Now circle the two words with the root meaning *make* (עשׂה).
Draw a squiggly line below the word with the root meaning *bless* (ברכ).
Put a star above the word with the root meaning *holy* (קדשׁ).

In Your Own Words

What is the biblical origin of our Shabbat observance?

____

____

____

____

____

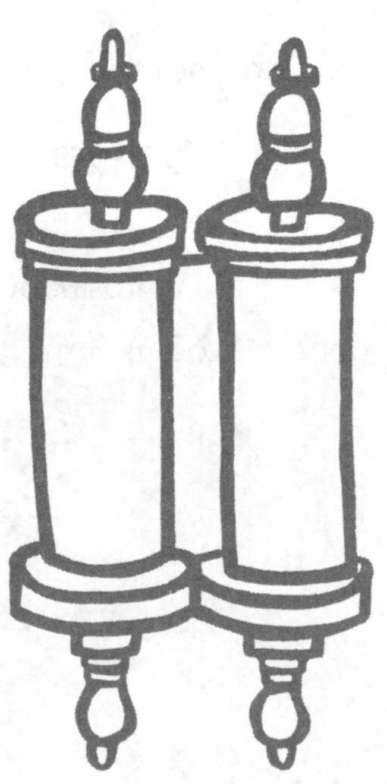

Fluent Reading: אַהֲבַת עוֹלָם

Shortly before we sing וְשָׁמְרוּ on a Friday night, we chant a prayer called אַהֲבַת עוֹלָם. This prayer focuses on God's love for Israel, which God shows by giving us the Torah and mitzvot.

Practice reading אַהֲבַת עוֹלָם.

1 אַהֲבַת עוֹלָם בֵּית יִשְׂרָאֵל עַמְּךָ אָהָבְתָּ: תּוֹרָה וּמִצְוֹת,

2 חֻקִּים וּמִשְׁפָּטִים אוֹתָנוּ לִמַּדְתָּ.

3 עַל־כֵּן, יְיָ אֱלֹהֵינוּ, בְּשָׁכְבֵנוּ וּבְקוּמֵנוּ נָשִׂיחַ בְּחֻקֶּיךָ,

4 וְנִשְׂמַח בְּדִבְרֵי תוֹרָתְךָ וּבְמִצְוֹתֶיךָ לְעוֹלָם וָעֶד.

5 כִּי הֵם חַיֵּינוּ וְאֹרֶךְ יָמֵינוּ, וּבָהֶם נֶהְגֶּה יוֹמָם וָלָיְלָה.

6 וְאַהֲבָתְךָ אַל־תָּסִיר מִמֶּנּוּ לְעוֹלָמִים!

7 בָּרוּךְ אַתָּה, יְיָ, אוֹהֵב עַמּוֹ יִשְׂרָאֵל.

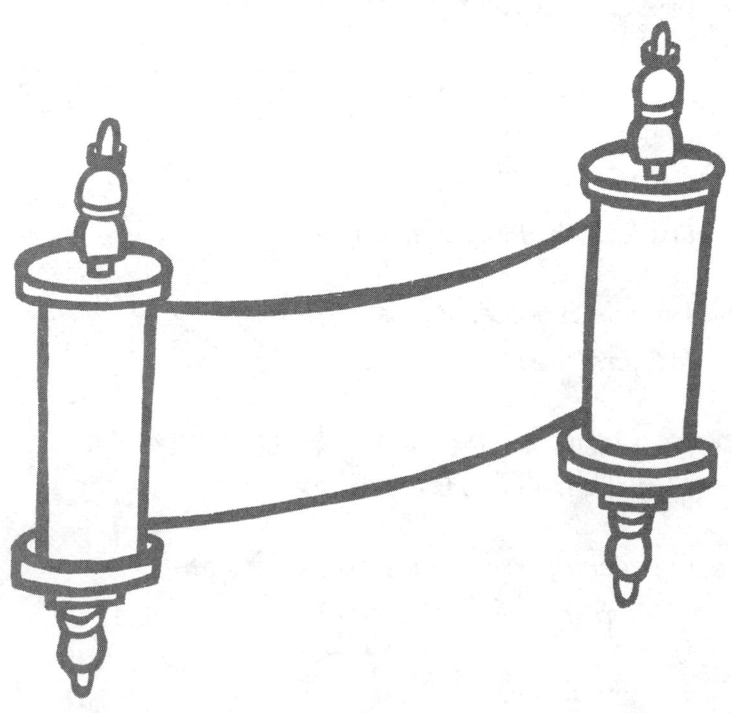

3 שָׁלוֹם עֲלֵיכֶם

It is Friday evening. The table is set for Shabbat, the candles have been lit, and we are about to eat a special Shabbat dinner. But before we recite the קִדּוּשׁ and say הַמּוֹצִיא, we sing שָׁלוֹם עֲלֵיכֶם, a beautiful hymn introduced in the 16th century.

• • • • • • • • •

Practice reading שָׁלוֹם עֲלֵיכֶם aloud.

שָׁלוֹם עֲלֵיכֶם, מַלְאֲכֵי הַשָּׁרֵת, מַלְאֲכֵי עֶלְיוֹן,
מִמֶּלֶךְ מַלְכֵי הַמְּלָכִים, הַקָּדוֹשׁ בָּרוּךְ הוּא.
בּוֹאֲכֶם לְשָׁלוֹם, מַלְאֲכֵי הַשָּׁלוֹם, מַלְאֲכֵי עֶלְיוֹן,
מִמֶּלֶךְ מַלְכֵי הַמְּלָכִים, הַקָּדוֹשׁ בָּרוּךְ הוּא.
בָּרְכוּנִי לְשָׁלוֹם, מַלְאֲכֵי הַשָּׁלוֹם, מַלְאֲכֵי עֶלְיוֹן,
מִמֶּלֶךְ מַלְכֵי הַמְּלָכִים, הַקָּדוֹשׁ בָּרוּךְ הוּא.
צֵאתְכֶם לְשָׁלוֹם, מַלְאֲכֵי הַשָּׁלוֹם, מַלְאֲכֵי עֶלְיוֹן,
מִמֶּלֶךְ מַלְכֵי הַמְּלָכִים, הַקָּדוֹשׁ בָּרוּךְ הוּא.

Peace upon you, O ministering angels, angels of the Supreme,
From the Ruler of Rulers, the Holy Blessed One.

Come in peace, O angels of peace, angels of the Supreme,
From the Ruler of Rulers, the Holy Blessed One.

Bless me with peace, O angels of peace, angels of the Supreme,
From the Ruler of Rulers, the Holy Blessed One.

Depart in peace, O angels of peace, angels of the Supreme,
From the Ruler of Rulers, the Holy Blessed One.

Prayer Dictionary

שָׁלוֹם
peace

עֲלֵיכֶם
upon you

מַלְאֲכֵי
angels of

עֶלְיוֹן
Supreme

מֶלֶךְ מַלְכֵי הַמְּלָכִים
Ruler of Rulers

הַקָּדוֹשׁ בָּרוּךְ הוּא
the Holy Blessed One

בּוֹאֲכֶם
come

בָּרְכוּנִי
bless me

צֵאתְכֶם
depart

Serious Synonyms

Write the three Hebrew words or phrases from the Prayer Dictionary that are names we use to refer to God.

____________ ____________ ____________

Action Words

Fill in the English action (command) word for each Hebrew word below.

צֵאתְכֶם	בּוֹאֲכֶם	בָּרְכוּנִי
____________	____________	____________

The Legend of the Hymn

A legend grew out of the hymn, שָׁלוֹם עֲלֵיכֶם. The Talmud tells us that two angels — one good, the other evil — escort each Jew home from the synagogue on a Friday evening. If the home is ready for Shabbat with the table set and candles lit, the good angel says: “May it be God’s will that it also be so next Shabbat.” The evil angel is forced to answer, “Amen.” But if nothing is prepared for Shabbat, the evil angel says: “May it be God’s will that it also be so next Shabbat,” and the good angel has to respond, “Amen.”

Follow the Path Home

Follow the route from the synagogue to the house by filling in the missing English words.

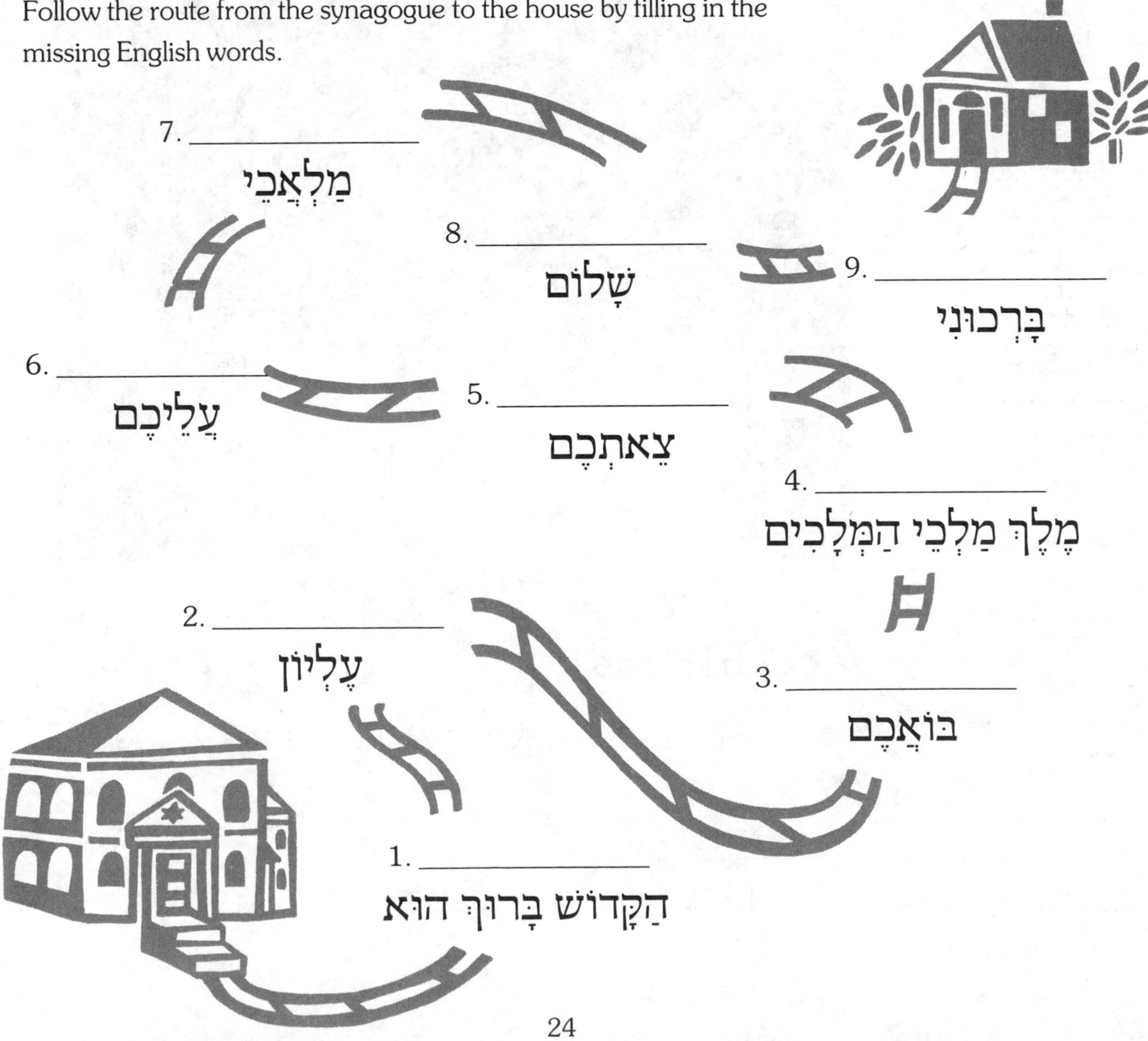

Prayer Building Blocks

שָׁלוֹם עֲלֵיכֶם "peace upon you"

שָׁלוֹם means ________________.

עֲלֵיכֶם means "upon you."

Circle the part of עֲלֵיכֶם that means "upon" or "on." עֲלֵיכֶם

The word ending (suffix) כֶם means "you (plural)."

Circle the word ending in these words from שָׁלוֹם עֲלֵיכֶם.

בּוֹאֲכֶם צֵאתְכֶם

What does this word ending mean? ________________

מַלְאֲכֵי עֶלְיוֹן "angels of the Supreme"

מַלְאֲכֵי means "angels of."

מַלְאֲכִים means "angels"

מַלְאֲכִים is the plural of מַלְאָךְ.

Circle the part of מַלְאֲכִים that shows it is plural. מַלְאֲכִים

עֶלְיוֹן means "Supreme."

Who is "Supreme"? Write your answer in Hebrew. ________________

What part of the word עֶלְיוֹן do you recognize? Write it here. ________________

What does this word part mean? ________________

מִמֶּלֶךְ מַלְכֵי הַמְּלָכִים "from the Ruler of Rulers"

Who is the Ruler of Rulers? ________________

Write the root for the words in the phrase מִמֶּלֶךְ מַלְכֵי הַמְּלָכִים.

_____ _____ _____

What does this root mean? ________________

The prefix מִ means "from."

הַקָּדוֹשׁ בָּרוּךְ הוּא "the Holy Blessed One"

Who is "the Holy Blessed One"? ________________

הַקָּדוֹשׁ means "the holy."

הַ means ________________

קָדוֹשׁ means ________________

Write the three root letters of הַקָּדוֹשׁ. _____ _____ _____

בָּרוּךְ means ________________.

What is the root of בָּרוּךְ? _____ _____ _____

הוּא means "he." Because God is neither male nor female, we translate הוּא as "One."

Reading Practice

Fill in the word הוּא in each prayer line below. Practice reading the sentences aloud.

1 עֶזְרַת אֲבוֹתֵינוּ אַתָּה __________ מֵעוֹלָם.

2 מוֹדִים אֲנַחְנוּ לָךְ שָׁאַתָּה __________ יְיָ, אֱלֹהֵינוּ וֵאלֹהֵי
אֲבוֹתֵינוּ, לְעוֹלָם וָעֶד.

3 עֹשֶׂה שָׁלוֹם בִּמְרוֹמָיו, __________ יַעֲשֶׂה שָׁלוֹם עָלֵינוּ וְעַל
כָּל־יִשְׂרָאֵל, וְאִמְרוּ אָמֵן.

4 מִי שֶׁעָשָׂה נִסִּים לַאֲבוֹתֵינוּ וְגָאַל אוֹתָם מֵעַבְדוּת
לְחֵרוּת, __________ יִגְאַל אוֹתָנוּ בְּקָרוֹב.

5 שֶׁ__________ נוֹטֶה שָׁמַיִם וְיוֹסֵד אָרֶץ, וּמוֹשַׁב יְקָרוֹ בַּשָּׁמַיִם
מִמַּעַל, וּשְׁכִינַת עֻזּוֹ בְּגָבְהֵי מְרוֹמִים.

In Your Own Words

Why do you think songs like שָׁלוֹם עֲלֵיכֶם and other *zemirot* (Shabbat songs) enhance Shabbat family celebration?

____

____

Prayer Rhythms

We have studied the vocabulary of the first verse of שָׁלוֹם עֲלֵיכֶם. Practice reading this verse again.

1 שָׁלוֹם עֲלֵיכֶם, מַלְאֲכֵי הַשָּׁרֵת, מַלְאֲכֵי עֶלְיוֹן,

2 מִמֶּלֶךְ מַלְכֵי הַמְּלָכִים, הַקָּדוֹשׁ בָּרוּךְ הוּא.

The remaining three verses of שָׁלוֹם עֲלֵיכֶם are identical to one another, except for the opening phrase, which varies slightly in each one. Read the opening phrases of the three remaining verses.

בּוֹאֲכֶם לְשָׁלוֹם

בָּרְכוּנִי לְשָׁלוֹם

צֵאתְכֶם לְשָׁלוֹם

Write the word that repeats in all three phrases. ____________________

What does this word mean? ____________________

Three Opening Phrases

בּוֹאֲכֶם "come"

Write the root letters of בּוֹאֲכֶם. _____ _____ _____

What does this root mean? ________________

בָּרְכוּנִי "bless me"

Write the root letters of בָּרְכוּנִי. _____ _____ _____

What does this root mean? ________________

The word ending (suffix) ִי means "me" or "my." Circle the word ending in each word below.

שֶׁעָשַׂנִי בִּי לְשׁוֹנִי לִבִּי נַפְשִׁי פִּי צוּרִי וְגוֹאֲלִי

צֵאתְכֶם "depart"

The root of צֵאתְכֶם is יצא. (In some words the "י" does not appear.)
The root יצא tells us that "depart" or "go out" is part of a word's meaning.

Look back at page 28 and read the three phrases that begin with the words you just learned: בּוֹאֲכֶם, בָּרְכוּנִי, and צֵאתְכֶם.

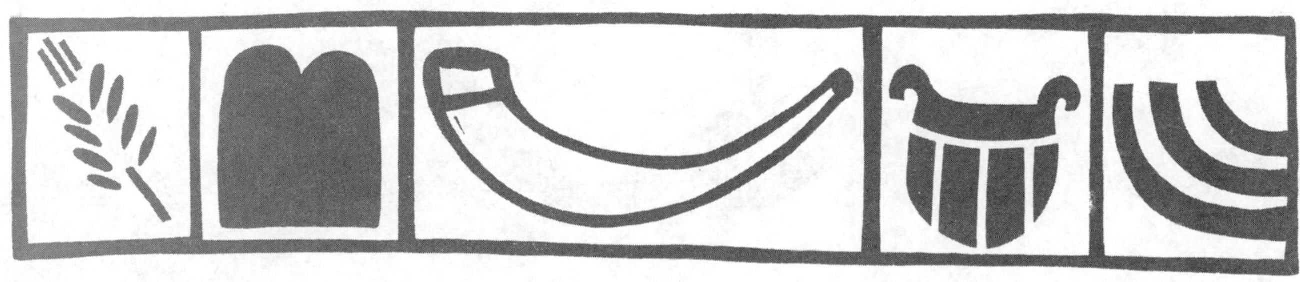

The Holiday Connection

Words with the root **יצא** ("depart," "leave") occur over and over again in the Passover Haggadah. The word **יְצִיאָה** means "Exodus."

Why do you think words built on the root **יצא** occur so frequently in the Passover story?

____

____

Read each line from the **הַגָּדָה** below, and circle the word with the root **יצא**.

1 בְּצֵאת יִשְׂרָאֵל מִמִּצְרָיִם בֵּית יַעֲקֹב מֵעַם לֹעֵז.

2 וַיּוֹצִיאֵנוּ יְיָ אֱלֹהֵינוּ מִשָּׁם בְּיָד חֲזָקָה וּבִזְרֹעַ נְטוּיָה.

3 אִלּוּ הוֹצִיאָנוּ מִמִּצְרַיִם, וְלֹא עָשָׂה בָהֶם שְׁפָטִים, דַּיֵּנוּ.

4 בְּכָל דּוֹר וָדוֹר חַיָּב אָדָם לִרְאוֹת אֶת־עַצְמוֹ כְּאִלּוּ הוּא יָצָא מִמִּצְרָיִם.

5 בַּעֲבוּר זֶה עָשָׂה יְיָ לִי בְּצֵאתִי מִמִּצְרָיִם.

Fluent Reading: הַשְׁכִּיבֵנוּ

One of the blessings after the שְׁמַע in the Friday Evening Service is הַשְׁכִּיבֵנוּ ("Cause us to lie down in peace"). In this prayer we ask God to cause us to lie down in peace, to shield us, and to protect us with the mantle of peace.

After we recite הַשְׁכִּיבֵנוּ, we sing וְשָׁמְרוּ, which we follow with the עֲמִידָה.

• • • • • • • • •

Practice reading הַשְׁכִּיבֵנוּ.

הַשְׁכִּיבֵנוּ, יְיָ אֱלֹהֵינוּ, לְשָׁלוֹם, וְהַעֲמִידֵנוּ, מַלְכֵּנוּ, לְחַיִּים. וּפְרֹשׂ עָלֵינוּ סֻכַּת שְׁלוֹמֶךָ, וְתַקְּנֵנוּ בְּעֵצָה טוֹבָה מִלְּפָנֶיךָ, וְהוֹשִׁיעֵנוּ לְמַעַן שְׁמֶךָ, וְהָגֵן בַּעֲדֵנוּ. וְהָסֵר מֵעָלֵינוּ אוֹיֵב, דֶּבֶר וְחֶרֶב וְרָעָב וְיָגוֹן; וְהָסֵר שָׂטָן מִלְּפָנֵינוּ וּמֵאַחֲרֵינוּ; וּבְצֵל כְּנָפֶיךָ תַּסְתִּירֵנוּ, כִּי אֵל שׁוֹמְרֵנוּ וּמַצִּילֵנוּ אָתָּה, כִּי אֵל מֶלֶךְ חַנּוּן וְרַחוּם אָתָּה. וּשְׁמוֹר צֵאתֵנוּ וּבוֹאֵנוּ לְחַיִּים וּלְשָׁלוֹם, מֵעַתָּה וְעַד עוֹלָם, וּפְרוֹשׂ עָלֵינוּ סֻכַּת שְׁלוֹמֶךָ. בָּרוּךְ אַתָּה, יְיָ, הַפּוֹרֵשׂ סֻכַּת שָׁלוֹם עָלֵינוּ וְעַל־כָּל־עַמּוֹ יִשְׂרָאֵל וְעַל יְרוּשָׁלָיִם.

4 מַה־טֹּבוּ

The first part of the Shabbat Morning Service is the same as the weekday Morning Service — it begins with בִּרְכוֹת הַשַּׁחַר, the Morning Blessings. As we enter the sanctuary we recite a prayer — מַה־טֹּבוּ — expressing our thanks for the privilege of praying in God's house, the synagogue.

• • • • • • • • •

Practice reading מַה טֹּבוּ aloud.

1 מַה־טֹּבוּ אֹהָלֶיךָ, יַעֲקֹב, מִשְׁכְּנֹתֶיךָ, יִשְׂרָאֵל.

2 וַאֲנִי, בְּרֹב חַסְדְּךָ אָבוֹא בֵיתֶךָ,

3 אֶשְׁתַּחֲוֶה אֶל־הֵיכַל קָדְשְׁךָ בְּיִרְאָתֶךָ.

4 יְיָ, אָהַבְתִּי מְעוֹן בֵּיתֶךָ, וּמְקוֹם מִשְׁכַּן כְּבוֹדֶךָ.

5 וַאֲנִי אֶשְׁתַּחֲוֶה וְאֶכְרָעָה, אֶבְרְכָה לִפְנֵי־יְיָ עֹשִׂי.

6 וַאֲנִי תְפִלָּתִי לְךָ, יְיָ, עֵת רָצוֹן.

7 אֱלֹהִים, בְּרָב־חַסְדֶּךָ, עֲנֵנִי בֶּאֱמֶת יִשְׁעֶךָ.

How good are your tents, Jacob, your dwelling places, Israel.
And I, by Your abundant kindness will come to Your house,
I will bow down (worship) in the Temple of Your holiness with reverence to You.
Adonai, I love Your house, and the place where Your honor (glory) dwells.
I will worship and bow down, I will bend my knee before Adonai my Maker.
May my prayer to You, Adonai, be in an acceptable time.
God, in Your abundant kindness, answer me with Your true salvation (redemption).

Prayer Dictionary

מַה
how, what

טֹבוּ
good

אֹהָלֶיךָ
your tents

וַאֲנִי
and I

חַסְדְּךָ
your kindness

בֵּיתֶךָ
your house

אָהַבְתִּי
I loved

עֹשִׂי
my maker

תְּפִלָּתִי
my prayer

יִשְׁעֶךָ
your salvation

Try-a-Tent

Write the English meaning of the Hebrew word in each tent.

Matching Endings

Four words in the Prayer Dictionary end in ךָ ("your"). Match the Hebrew word to its English meaning.

your salvation	אֹהָלֶיךָ
your house	חַסְדְּךָ
your tents	בֵּיתֶךָ
your kindness	יִשְׁעֶךָ

Related Words

Write the number of the word in the right column next to the related word from מַה־טֹּבוּ.

טֹבוּ	________	אָהַב	1
אֹהָלֶיךָ	________	עשֶׂה	2
וַאֲנִי	________	חֶסֶד	3
חַסְדְּךָ	________	אֹהֶל	4
בֵּיתֶךָ	________	טוֹב	5
אָהַבְתִּי	________	תְּפִלָּה	6
עֹשִׂי	________	אֲנִי	7
תְּפִלָּתִי	________	בַּיִת	8

Now write the number of the word in the right column next to its correct English meaning below.

________	tent	________	make	________	good
________	kindness	________	I	________	loved
________	house	________	prayer		

Back to the Sources

The first line of מַה־טֹּבוּ comes from the Book of Numbers in the Torah. These words were spoken by a non-Jewish prophet, Balaam, who was hired by an enemy of the Jews, Balak the king of Moab, to curse the children of Israel whose tents were near Moab's border. But when Balaam saw the Israelites living peacefully, he blessed and praised them instead.

Read the verses from the Torah below and underline the first line of מַה־טֹּבוּ.

נְאֻם שֹׁמֵעַ אִמְרֵי־אֵל אֲשֶׁר מַחֲזֵה שַׁדַּי
יֶחֱזֶה נֹפֵל וּגְלוּי עֵינָיִם: מַה־טֹּבוּ
אֹהָלֶיךָ יַעֲקֹב מִשְׁכְּנֹתֶיךָ יִשְׂרָאֵל:
כִּנְחָלִים נִטָּיוּ כְּגַנֹּת עֲלֵי נָהָר כַּאֲהָלִים
נָטַע יְהוָה כַּאֲרָזִים עֲלֵי־מָיִם:

Other parts of מַה־טֹּבוּ come from the Book of Psalms (תְּהִלִּים).

Prayer Building Blocks

מַה־טֹּבוּ אֹהָלֶיךָ "how good are your tents"

מַה can mean "how" or "what."

Circle מַה each time it appears in the prayer below. Now read the prayer.

אַשְׁרֵינוּ!
מַה־טּוֹב חֶלְקֵנוּ,
וּמַה־נָּעִים גּוֹרָלֵנוּ,
וּמַה־יָּפָה יְרֻשָּׁתֵנוּ!

The Holiday Connection

On which holiday do we ask the following question beginning with the word מַה:

מַה נִּשְׁתַּנָּה הַלַּיְלָה הַזֶּה מִכָּל הַלֵּילוֹת?

____

• • • • • • • • •

טוב means "good."

You probably know the word טוֹב ("good"). Perhaps your teacher says טוֹב מְאֹד ("very good") to you when you do something very well.

Circle טוֹב and its family words in the following lines from בִּרְכַּת הַמָּזוֹן, Grace After Meals.

1 הַמֶּלֶךְ הַטּוֹב וְהַמֵּטִיב לַכֹּל, שֶׁבְּכָל־יוֹם וָיוֹם הוּא הֵיטִיב,

2 הוּא מֵיטִיב, הוּא יֵיטִיב לָנוּ. הוּא גְמָלָנוּ, הוּא גוֹמְלֵנוּ,

3 הוּא יִגְמְלֵנוּ לָעַד לְחֵן וּלְחֶסֶד וּלְרַחֲמִים

Why do you think the word "good" appears so many times in בִּרְכַּת הַמָּזוֹן?

אֹהֶל means "tent."

אֹהָלֶיךָ means "your tents."

ךָ means "your" when it appears at the end of a word.

Theme of the Prayer

When the words of מַה טֹּבוּ were spoken, the Israelites were a semi-nomadic people — wandering in the wilderness, and living and praying in tents. Our sages interpret the praise of Israel's "tents" as a reference to its synagogues or places of worship. "Dwelling places" refers to our religious schools and homes. These are the places where we learn to live Jewishly. Today we express our feeling of joy and respect when we enter our place of worship — the synagogue — by reciting מַה־טֹּבוּ ("How good...").

Write one way we live Jewishly in:

our places of worship ____________________

our religious schools ____________________

our homes ____________________

More Prayer Building Blocks

וַאֲנִי, בְּרֹב חַסְדְּךָ אָבוֹא בֵיתֶךָ

"and I, by Your abundant kindness will come to Your house"

וַאֲנִי means "and I."

וַ means ____________.

אֲנִי means ____________.

Underline אֲנִי in each line below. Practice reading the sentences aloud.

1 מוֹדֶה אֲנִי לְפָנֶיךָ מֶלֶךְ חַי וְקַיָּם.

2 אֲנִי מַאֲמִין בֶּאֱמוּנָה שְׁלֵמָה בְּבִיאַת הַמָּשִׁיחַ.

3 דּוֹדִי לִי וַאֲנִי לוֹ הָרֹעֶה בַּשּׁוֹשַׁנִּים.

חַסְדְּךָ means "your kindness."

חֶסֶד means "kindness."

What does the suffix ךָ mean? ________________

Do you recognize the line below from the אָבוֹת prayer?
Circle the two family words for חֶסֶד.

גּוֹמֵל חֲסָדִים טוֹבִים, וְקוֹנֵה הַכֹּל, וְזוֹכֵר חַסְדֵי אָבוֹת

בֵּיתֶךָ means "your house."

בַּיִת means ________________.

ךָ means ________________.

חֶסֶד ("kindness") is part of the phrase גְּמִילוּת חֲסָדִים — the mitzvah of performing kind deeds. The people in this photo are fulfilling the mitzvah of גְּמִילוּת חֲסָדִים by collecting reuseable eyeglasses to send to needy people around the world. The organization New Eyes for the Needy collects over 600,000 pairs of glasses each year.

More Prayer Building Blocks

לִפְנֵי־יְיָ עֹשִׂי "before Adonai my Maker"

לִפְנֵי means "before."

יְיָ means ________________.

עֹשִׂי means "my maker."

ִי at the end of a word means "my."

The root of עֹשִׂי is עשה.

The root עשה tells us that "make" is part of a word's meaning.

Circle the root letters עשה in each prayer word below. (Remember that sometimes a root letter is missing from a word.)

עוֹשֶׂה מַעֲשֵׂה שֶׁעָשַׂנִי עֹשִׂי מַעֲשֶׂיךָ

תְּפִלָּתִי "my prayer"

תְּפִלָּה means "prayer"

ִי at the end of a word means ________________.

Look at the cover of this book. Can you see the Hebrew word for "prayer"?

Write it here. ________________

יְשְׁעֶךָ "Your salvation, redemption"

The root of יְשְׁעֶךָ is ישע.
The root ישע tells us that "save" or "redeem" is part of a word's meaning.

Circle the part of יְשְׁעֶךָ that means "your." יְשְׁעֶךָ

Do you remember this phrase from אָבוֹת?

מֶלֶךְ עוֹזֵר וּמוֹשִׁיעַ וּמָגֵן

Circle the word that means "savior."

Reading and Root Practice

Practice reading these phrases aloud. In each prayer line, circle the word with the root ישע. (Remember: Sometimes a root letter is missing from a word.)

1 אָנָּה יְיָ, הוֹשִׁיעָה נָּא, אָנָּא יְיָ, הַצְלִיחָה נָא

2 מָעוֹז צוּר, יְשׁוּעָתִי לְךָ נָאֶה לְשַׁבֵּחַ

3 בְּרָכָה וִישׁוּעָה, נֶחָמָה, פַּרְנָסָה וְכַלְכָּלָה

4 וּשְׁאַבְתֶּם מַיִם בְּשָׂשׂוֹן מִמַּעַיְנֵי הַיְשׁוּעָה

5 וִיבַשֶּׂר לָנוּ בְּשׂוֹרוֹת טוֹבוֹת, יְשׁוּעוֹת וְנֶחָמוֹת

Fluent Reading: פְּסוּקֵי דְזִמְרָה

At the very beginning of the Morning Service are two introductory sections. The first — בִּרְכוֹת הַשַּׁחַר , the Morning Blessings — is where we find מַה־טֹּבוּ. The second — פְּסוּקֵי דְזִמְרָה, Verses of Song — opens with a series of blessings that praise God for creating the world and for showing compassion to all the creatures of the earth.

• • • • • • • • •

Practice reading the opening blessings of פְּסוּקֵי דְזִמְרָה.

בָּרוּךְ שֶׁאָמַר וְהָיָה הָעוֹלָם, בָּרוּךְ הוּא.

בָּרוּךְ עֹשֶׂה בְרֵאשִׁית, בָּרוּךְ אוֹמֵר וְעוֹשֶׂה.

בָּרוּךְ גּוֹזֵר וּמְקַיֵּם, בָּרוּךְ מְרַחֵם עַל הָאָרֶץ.

בָּרוּךְ מְרַחֵם עַל הַבְּרִיּוֹת, בָּרוּךְ מְשַׁלֵּם שָׂכָר טוֹב לִירֵאָיו.

בָּרוּךְ חַי לָעַד וְקַיָּם לָנֶצַח, בָּרוּךְ פּוֹדֶה וּמַצִּיל, בָּרוּךְ שְׁמוֹ.

בִּשְׁבָחוֹת וּבִזְמִירוֹת נְגַדֶּלְךָ וּנְשַׁבֵּחֲךָ וּנְפָאֶרְךָ, וְנַזְכִּיר שִׁמְךָ וְנַמְלִיכְךָ, מַלְכֵּנוּ, אֱלֹהֵינוּ. יָחִיד, חֵי הָעוֹלָמִים, מֶלֶךְ, מְשֻׁבָּח וּמְפֹאָר עֲדֵי־עַד שְׁמוֹ הַגָּדוֹל.

בָּרוּךְ אַתָּה, יְיָ, מֶלֶךְ מְהֻלָּל בַּתִּשְׁבָּחוֹת.

5 גְּבוּרוֹת

We know that the first blessing of the עֲמִידָה is the אָבוֹת, in which we praise the God of our ancestors. The second blessing — גְּבוּרוֹת — celebrates God's power in nature and in our lives. We praise God for creating life and for sustaining life. גְּבוּרוֹת means "powers" — God's powers.

• • • • • • • • • •

Practice reading the גְּבוּרוֹת aloud.

אַתָּה גִּבּוֹר לְעוֹלָם, אֲדֹנָי, מְחַיֵּה הַכֹּל (מֵתִים) אַתָּה, רַב לְהוֹשִׁיעַ.
מְכַלְכֵּל חַיִּים בְּחֶסֶד, מְחַיֵּה הַכֹּל (מֵתִים) בְּרַחֲמִים רַבִּים. סוֹמֵךְ
נוֹפְלִים, וְרוֹפֵא חוֹלִים, וּמַתִּיר אֲסוּרִים, וּמְקַיֵּם אֱמוּנָתוֹ לִישֵׁנֵי עָפָר.
מִי כָמוֹךָ, בַּעַל גְּבוּרוֹת, וּמִי דּוֹמֶה לָּךְ, מֶלֶךְ מֵמִית וּמְחַיֶּה
וּמַצְמִיחַ יְשׁוּעָה?
וְנֶאֱמָן אַתָּה לְהַחֲיוֹת הַכֹּל (מֵתִים). בָּרוּךְ אַתָּה, יְיָ, מְחַיֵּה הַכֹּל
(הַמֵּתִים).

You are eternally mighty (powerful), Adonai, You give life to all (the dead), great is Your power to save.

With goodness You sustain the living, with great compassion (mercy) give life to all (the dead). You help the falling, and heal the sick, and You free the captive, and keep faith with those who sleep in the dust.

Who is like You, God of Power, and who is comparable to You, Ruler who brings death and gives life and who is a source of salvation?

You are faithful to give life to all (the dead). Blessed are You, Adonai, who gives life to all (the dead).

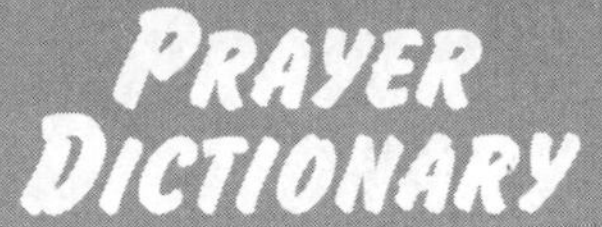

אַתָּה
you (are)

גִּבּוֹר
mighty, powerful

לְעוֹלָם
eternally

מְחַיֵּה
give life

הַכֹּל
all, everything

לְהוֹשִׁיעַ
to save

חַיִּים
life, the living

בְּרַחֲמִים
with compassion, mercy

מִי כָמוֹךָ
who is like you?

Powerful Words

Circle the Hebrew word that means the same as the English.

who is like you?	מִי כָמוֹךָ	חֲסָדִים טוֹבִים	לְעוֹלָם וָעֶד
life, the living	אֱמֶת	זִכָּרוֹן	חַיִּים
eternally	עֶלְיוֹן	לְעוֹלָם	וְעַל
mighty, powerful	גִּבּוֹר	גּוֹמֵל	גָּדוֹל
you (are)	אֶחָד	אַתָּה	אָבוֹת
give life	מְחַיֵּה	מָגֵן	מוֹשִׁיעַ
with compassion, mercy	וּבְרָצוֹן	בְּרַחֲמִים	בְּאַהֲבָה
to save	לְהוֹשִׁיעַ	לִיצִיאַת	לְהַדְלִיק
all, everything	לִפְנֵי	עֵץ	הַכֹּל

What's Missing?

Fill in the missing word or words in each Hebrew phrase.

You are eternally *mighty (powerful)*, Adonai	אַתָּה ____________ לְעוֹלָם, אֲדֹנָי	1
You *give life* to all	____________ הַכֹּל אַתָּה	2
great is your power *to save*	רַב ____________	3
with kindness you sustain *life (the living)*	מְכַלְכֵּל ____________ בְּחֶסֶד	4
who is like you, God of Power	____________, בַּעַל גְּבוּרוֹת	5

Where Am I?

Let's put the גְּבוּרוֹת in the context of a prayer service.

Every prayer service contains a version of the עֲמִידָה. The first 3 and the last 3 blessings of every עֲמִידָה are blessings of praise and are always the same. Only the middle בְּרָכוֹת change.

גְּבוּרוֹת is the *second* blessing in the עֲמִידָה. What is the name of the first blessing in the עֲמִידָה? ____________

Prayer Building Blocks

אַתָּה גִּבּוֹר לְעוֹלָם "You are eternally mighty (powerful)"

אַתָּה means "you."

Whom are we addressing? ________________

גִּבּוֹר means "mighty" or "powerful."

Write the name of the blessing you are studying. ________________

Can you see the connection between the word גִּבּוֹר and the name of the blessing?

Both words mean ________________.

לְעוֹלָם means "eternally" or "forever."

לְעוֹלָם וָעֶד also means "eternally" or "forever."

Draw a circle around the words לְעוֹלָם or לְעוֹלָם וָעֶד wherever they appear below. Practice reading the sentences aloud.

1 בָּרְכוּ אֶת־יְיָ הַמְבֹרָךְ.

2 בָּרוּךְ יְיָ הַמְבֹרָךְ לְעוֹלָם וָעֶד.

3 דָּבָר טוֹב וְקַיָּם לְעוֹלָם וָעֶד.

4 שָׁלוֹם רָב עַל־יִשְׂרָאֵל עַמְּךָ תָּשִׂים לְעוֹלָם.

5 בֵּינִי וּבֵין בְּנֵי יִשְׂרָאֵל אוֹת הִיא לְעוֹלָם.

6 אֵל חַי וְקַיָּם, תָּמִיד יִמְלֹךְ עָלֵינוּ לְעוֹלָם וָעֶד.

7 בָּרוּךְ אַתָּה יְיָ הַמַּעֲרִיב עֲרָבִים.

Theme of the Prayer

The גְבוּרוֹת praises God's power, or ability, to:

1. create life
2. save life
3. sustain life
4. help the falling
5. heal the sick
6. free the captive

Since we are created in God's image (בְּצֶלֶם אֱלֹהִים), we have the ability to act in godly ways.

Choose 3 of God's powers from the list above, and give an example of what we — as humans — can do to imitate God.

Here is one example:

heal the sick — We can become doctors or nurses who work to cure illness and disease.

1. ______________________________

2. ______________________________

3. ______________________________

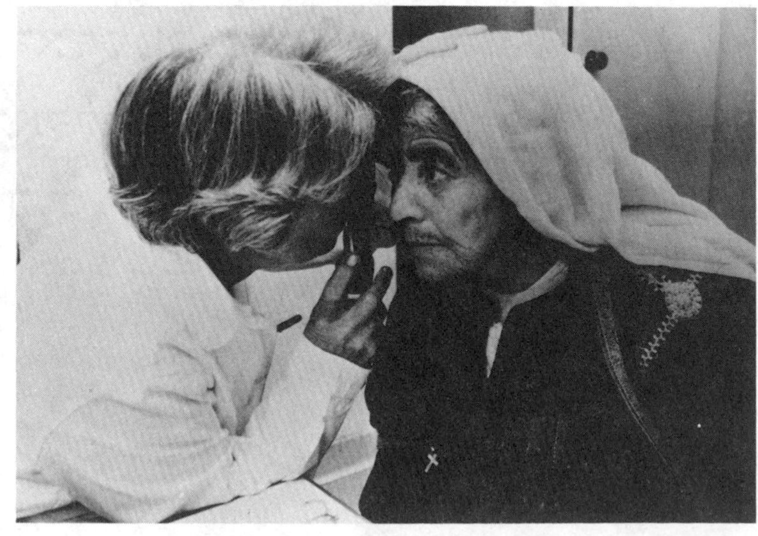

One of the ways we can act בְּצֶלֶם אֱלֹהִים ("in God's image") is by treating people who are sick or need medical care. This Arab woman is having her eyes examined at Hadassah Hospital in Jerusalem.

More Prayer Building Blocks

מְחַיֵּה הַכֹּל (מֵתִים) "(You) give life to everything (the dead)"

מְחַיֵּה means "gives life."

The root of מְחַיֵּה is חיה.
The root חיה tells us that "life" is part of a word's meaning.

Root and Reading Practice

In each sentence below circle the word with the root חיה. (Remember: Sometimes a root letter is missing from a word.) Practice reading the sentences aloud.

1 עַם יִשְׂרָאֵל חַי.
עוֹד אָבִינוּ חַי.
2 כִּי הֵם חַיֵּינוּ וְאֹרֶךְ יָמֵינוּ וּבָהֶם נֶהְגֶּה יוֹמָם וָלָיְלָה.
3 בָּרוּךְ אַתָּה, יְיָ אֱלֹהֵינוּ, מֶלֶךְ הָעוֹלָם, אֲשֶׁר נָתַן־לָנוּ
תּוֹרַת אֱמֶת וְחַיֵּי עוֹלָם נָטַע בְּתוֹכֵנוּ.
4 דָּוִד מֶלֶךְ יִשְׂרָאֵל חַי וְקַיָּם.
5 וְתִתֶּן לָנוּ חַיִּים אֲרֻכִּים, חַיִּים שֶׁל שָׁלוֹם, חַיִּים שֶׁל טוֹבָה,
חַיִּים שֶׁל בְּרָכָה.
6 וְיַמְלִיךְ מַלְכוּתֵהּ בְּחַיֵּיכוֹן וּבְיוֹמֵיכוֹן וּבְחַיֵּי דְכָל־בֵּית יִשְׂרָאֵל.

Look back at the גְּבוּרוֹת blessing on the first page of this chapter. Circle all the words with the root חיה. How many words did you circle? ______

"Lively" Tidbits

- Did you ever see grownups clink glasses and toast each other with the word "לְחַיִּים" — "To Life!"?
- Is there someone in your class wearing a חַי necklace? We know that חַי means "life."
- Did you know that each Hebrew letter has a numerical value (this is called *gematria*)? Together the ח and the י in the word חַי add up to the number 18. That's why we often give monetary gifts in increments of $18 ($36, $54 and so on).

Prayer Variations

The Reform and Reconstructionist prayerbooks use the phrase מְחַיֵּה הַכֹּל and מְחַיֵּה כֹּל חַי ("gives life to everything") in גְּבוּרוֹת, but the Conservative and Orthodox prayerbooks contain the words מְחַיֵּה מֵתִים ("revives the dead") instead.

The concept of "reviving the dead" is called resurrection. This means that at some time in the future all those who have died will be brought back to life by God.

Whether or not they believe in resurrection, most Jews believe that the soul (נֶפֶשׁ) lives on forever. The soul is a part of God in each of us.

Which version of the גְּבוּרוֹת is found in your synagogue's prayerbook?

רַב לְהוֹשִׁיעַ "great is Your power to save"

לְהוֹשִׁיעַ means "to save" or "to redeem."

Write the root of לְהוֹשִׁיעַ. ______ ______ ______

מְכַלְכֵּל חַיִּים בְּחֶסֶד "with lovingkindness You sustain the living"

חַיִּים means "living" or "life."

Write the root of חַיִּים. ______ ______ ______

בְּחֶסֶד means "with lovingkindness."

בְּ means ________________.

חֶסֶד means ________________.

מְחַיֵּה הַכֹּל (מֵתִים) בְּרַחֲמִים רַבִּים
"with great compassion You give life to all (the dead)"

בְּרַחֲמִים	means "with compassion" or "with mercy."
בְּ	means ________________.
רַחֲמִים	means ________________.

The root of בְּרַחֲמִים is רחמ.
The root רחמ tells us that "compassion" or "mercy" is part of a word's meaning.

God is sometimes referred to as אֵל מָלֵא רַחֲמִים.
Fill in the missing word in the English translation of that phrase.

God full of ________________.

Here are three other names by which God is known. Circle the root letters רחמ in each phrase.

אַב הָרַחֲמִים	אֵל חַנּוּן וְרַחוּם	הָרַחֲמָן
Merciful Parent	*Gracious and Compassionate God*	*The Merciful One*

The Talmud tells us that if we expect compassion from God, we should show compassion to others. Describe one way you can show compassion to others.

____

____

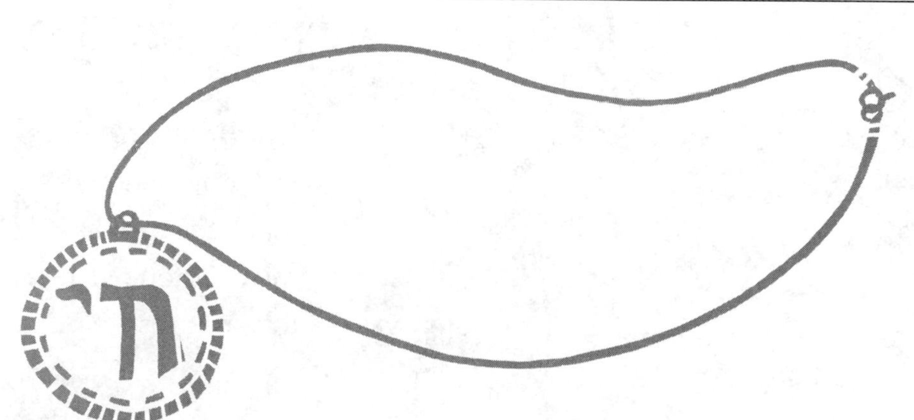

An Ethical Echo

The גְּבוּרוֹת blessing tells us that God heals the sick (רוֹפֵא חוֹלִים). Even if you cannot help heal a sick person, there is something you can do. You can visit a sick friend or relative in the hospital or at home. The mitzvah of Visiting the Sick is called בִּקּוּר חוֹלִים.

A Point to Ponder

What can *you* do to brighten a sick person's day? Is there a special way we behave when visiting the sick? Explain your answer.

More Prayer Building Blocks

מִי כָמוֹךָ, בַּעַל גְּבוּרוֹת "who is like You, God of Power?"

מִי כָּמוֹךָ	means "who is like you."
מִי	means ________________.
כָּמוֹךָ	means ________________.
כְּמוֹ	means "like."
ךָ	at the end of a word means ________________.

Circle כָּמוֹךָ or כָּמֹכָה in each prayer line below. Then read each line.

1 אֵין כָּמוֹךָ בָאֱלֹהִים, אֲדֹנָי, וְאֵין כְּמַעֲשֶׂיךָ

2 מִי־כָמֹכָה בָּאֵלִם, יְיָ?

3 מִי כָּמֹכָה, נֶאְדָּר בַּקֹּדֶשׁ

Challenge Question:
Do you remember the prayer that begins on line 2? When did the children of Israel first sing these words?

Fluent Reading: יוֹצֵר

After the בָּרְכוּ — the Call to Worship — we recite a blessing that praises God for creating light and darkness. It expresses wonder at the variety and greatness of God's creations.

The theme of light is especially appropriate since this blessing is said early on Shabbat morning. This is the first בְּרָכָה preceding the שְׁמַע.

Practice reading the יוֹצֵר.

בָּרוּךְ אַתָּה, יְיָ אֱלֹהֵינוּ, מֶלֶךְ הָעוֹלָם, יוֹצֵר אוֹר וּבוֹרֵא חֹשֶׁךְ,
עֹשֶׂה שָׁלוֹם וּבוֹרֵא אֶת־הַכֹּל.
הַמֵּאִיר לָאָרֶץ וְלַדָּרִים עָלֶיהָ בְּרַחֲמִים, וּבְטוּבוֹ מְחַדֵּשׁ
בְּכָל־יוֹם תָּמִיד מַעֲשֵׂה בְרֵאשִׁית.
מָה רַבּוּ מַעֲשֶׂיךָ, יְיָ. כֻּלָּם בְּחָכְמָה עָשִׂיתָ, מָלְאָה הָאָרֶץ קִנְיָנֶךָ.
תִּתְבָּרַךְ, יְיָ אֱלֹהֵינוּ, עַל־שֶׁבַח מַעֲשֵׂה יָדֶיךָ, וְעַל־מְאוֹרֵי־אוֹר
שֶׁעָשִׂיתָ: יְפָאֲרוּךָ. סֶּלָה. בָּרוּךְ אַתָּה יְיָ, יוֹצֵר הַמְּאוֹרוֹת.

6 קְדוּשָׁה

אָבוֹת and גְּבוּרוֹת are the first and second blessings of the עֲמִידָה. The third blessing — קְדוּשָׁה — publicly proclaims God's holiness in the words of the prophet Isaiah, "Holy, Holy, Holy is Adonai." From generation to generation we express our awe of God's supreme glory and holiness.

Practice reading these excerpts from the קְדוּשָׁה aloud.

1 נְקַדֵּשׁ אֶת־שִׁמְךָ בָּעוֹלָם, כְּשֵׁם שֶׁמַּקְדִּישִׁים אוֹתוֹ בִּשְׁמֵי מָרוֹם,

2 כַּכָּתוּב עַל־יַד נְבִיאֶךָ: וְקָרָא זֶה אֶל־זֶה וְאָמַר:

3 קָדוֹשׁ, קָדוֹשׁ, קָדוֹשׁ יְיָ צְבָאוֹת, מְלֹא כָל־הָאָרֶץ כְּבוֹדוֹ.

4 בָּרוּךְ כְּבוֹד־יְיָ מִמְּקוֹמוֹ.

5 יִמְלֹךְ יְיָ לְעוֹלָם, אֱלֹהַיִךְ צִיּוֹן, לְדֹר וָדֹר. הַלְלוּיָהּ!

6 לְדוֹר וָדוֹר נַגִּיד גָּדְלֶךָ, וּלְנֵצַח נְצָחִים קְדֻשָּׁתְךָ נַקְדִּישׁ.

7 וְשִׁבְחֲךָ, אֱלֹהֵינוּ, מִפִּינוּ לֹא יָמוּשׁ לְעוֹלָם וָעֶד.

8 בָּרוּךְ אַתָּה, יְיָ, הָאֵל הַקָּדוֹשׁ.

Let us sanctify Your name in the world as they sanctify it in the highest heavens, as it is written by Your prophet, and one called to another and said:
Holy, Holy, Holy is Adonai of the heavenly legions, the whole earth is full of God's glory.

Praised be the glory of Adonai from God's place.

Adonai will rule forever; your God, O Zion, from generation to generation. Hallelujah! From generation to generation we will tell of Your greatness and for all eternity we will proclaim Your holiness. And our praise of You, O God, will not leave our mouths forever and ever. Praised are You, Adonai, the holy God.

PRAYER DICTIONARY

נְקַדֵּשׁ
let us sanctify

שִׁמְךָ
your name

כְּבוֹדוֹ
God's glory

יִמְלֹךְ
will rule

לְדוֹר וָדוֹר
from generation to generation

נַגִּיד
we will tell

גָּדְלֶךָ
your greatness

וְשִׁבְחֲךָ
and our praise of you

Recognize the Word

On the right are words from the קְדוּשָּׁה. On the left are words you already know. Draw lines to connect the related words. (Hint: look for common roots.) Then write the English meaning of the Hebrew words in the right column on the line provided.

הַגָּדוֹל	נְקַדֵּשׁ	______________	1
הַגָּדָה	יִמְלֹךְ	______________	2
לְדֹרֹתָם	וְשִׁבְחֲךָ	______________	3
לְשַׁבֵּחַ	גָּדְלֶךָ	______________	4
כָּבוֹד	שִׁמְךָ	______________	5
מַלְכוּתוֹ	לְדוֹר וָדוֹר	______________	6
קָדוֹשׁ	כְּבוֹדוֹ	______________	7
שֵׁם	נַגִּיד	______________	8

You have learned that the words of the prophet Isaiah are found in the קְדוּשָּׁה. But did you know that Isaiah's words are also found on a marble wall across from the United Nations building in New York City? The words are "They shall beat their swords into ploughshares and their spears into pruning hooks; nation shall not lift up sword against nation, neither shall they learn war any more." Why do you think Isaiah's words were chosen?

Prayer Building Blocks

נְקַדֵּשׁ אֶת־שִׁמְךָ בָּעוֹלָם "let us sanctify Your name in the world"

נְקַדֵּשׁ means "let us sanctify."

Another word for "sanctify" is "make holy."

What are the root letters of נְקַדֵּשׁ? _____ _____ _____

What does this root mean? _______________

שִׁמְךָ means "your name."

שֵׁם means _______________.

ךָ at the end of a word means _______________.

Whose name are we sanctifying? _______________

בָּעוֹלָם means "in the world."

בָּ means _______________.

עוֹלָם means _______________.

Look back at the קְדוּשָׁה on page 52. Write all the words with the root קדשׁ on the lines below.

_______________ _______________

_______________ _______________

_______________ _______________

From the Sources

At the heart of the קְדוּשָּׁה are three verses that come from different places in the תַּנַ"ךְ (Bible).

The first of these verses was spoken by the prophet Isaiah as he described a beautiful and mystical vision of God sitting on the Divine Throne surrounded by angels. As the angels moved their wings, they called to one another and said:

קָדוֹשׁ, קָדוֹשׁ, קָדוֹשׁ יְיָ צְבָאוֹת, מְלֹא כָל־הָאָרֶץ כְּבוֹדוֹ.

Holy, Holy, Holy is Adonai of the heavenly legions, the whole earth is full of God's glory.

(Isaiah 6:3)

מְלֹא כָל־הָאָרֶץ כְּבוֹדוֹ "the whole earth is full of God's glory"

הָאָרֶץ means "the earth."

הָ means ________________.

אֶרֶץ means ________________.

Circle הָאָרֶץ in this sentence.

כִּי שֵׁשֶׁת יָמִים עָשָׂה יְיָ אֶת־הַשָּׁמַיִם וְאֶת־הָאָרֶץ,
וּבַיּוֹם הַשְּׁבִיעִי שָׁבַת וַיִּנָּפַשׁ.

כְּבוֹדוֹ literally means "his glory."

כָּבוֹד means "glory."

וֹ is an ending that means "his."

As God is neither male nor female, we translate כְּבוֹדוֹ as "God's glory."

Look back at the prayer on the first page of this chapter. Write the numbers of the two lines that have to do with כָּבוֹד — God's glory. ______ ______

Circle כְּבוֹד in this sentence.

בָּרוּךְ שֵׁם כְּבוֹד מַלְכוּתוֹ לְעוֹלָם וָעֶד.

The sentence above is spoken quietly after we say the ________________.

More Prayer Building Blocks

יִמְלֹךְ יְיָ לְעוֹלָם "Adonai will rule forever"

יִמְלֹךְ means "will rule."

Write the root of יִמְלֹךְ. _____ _____ _____

What does this root mean? ________________.

י at the beginning of a verb often indicates that the action will take place in the future.

לְדוֹר וָדוֹר נַגִּיד גָּדְלֶךָ
"from generation to generation we will relate Your goodness"

דוֹר means "generation."

לְדוֹר וָדוֹר is a phrase meaning "from generation to generation."

Explain in your own words the phrase "from generation to generation."

____

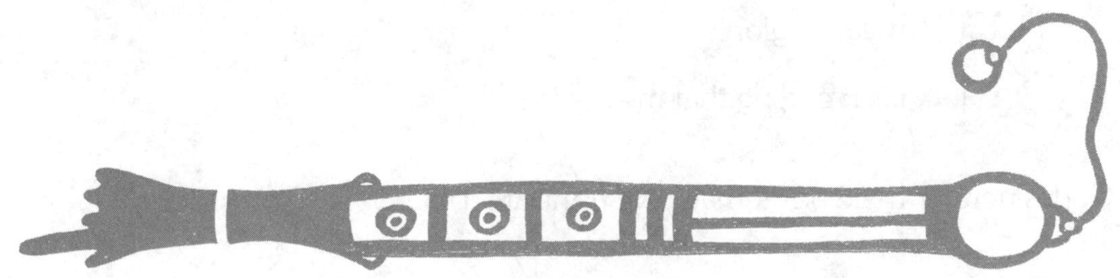

The Holiday Connection

Read this sentence which we say at the Passover seder. Circle the Hebrew phrase that means "in every generation."

בְּכָל דּוֹר וָדוֹר חַיָּב אָדָם לִרְאוֹת אֶת־עַצְמוֹ כְּאִלּוּ הוּא יָצָא מִמִּצְרַיִם.

In every generation, each of us should feel as though we ourselves had gone forth from Egypt.

נַגִּיד means "we will tell" or "we will relate."

You know the word הַגָּדָה. Can you see the connection between נַגִּיד and הַגָּדָה?
On which holiday do we use a הַגָּדָה? ______________

הַגָּדָה literally means "telling" or "relating." What do we tell or relate on this holiday?

____

גָּדְלֶךָ means "your greatness."

Write the Hebrew word for "great" or "big." ______________

What does the ending ךָ mean? ______________

Whose greatness will we relate or tell? Write your answer in Hebrew. ______________

Choreography of the Prayer

1. Because the קְדוּשָׁה is an expression of God's holiness, it is said with deep feeling and concentration.
2. We say the קְדוּשָׁה only in the presence of a *minyan* (10 adult Jews).
3. The קְדוּשָׁה is part of the עֲמִידָה — the Standing Prayer — so we stand at attention as we declare God's holiness.
4. In many congregations, as we recite Isaiah's words קָדוֹשׁ, קָדוֹשׁ, קָדוֹשׁ, we rise up on our toes three times to symbolize the fluttering wings of the angels the prophet saw in his vision, and to represent the uplifting of the spirit.

More Prayer Building Blocks

וְשִׁבְחֲךָ, אֱלֹהֵינוּ, מִפִּינוּ לֹא יָמוּשׁ לְעוֹלָם וָעֶד "and our praise of You, O God, will not leave our mouths forever and ever"

וְשִׁבְחֲךָ literally means "and your praise."

וְ means ________________.

שֶׁבַח means "praise."

ךָ means ________________.

The root of וְשִׁבְחֲךָ is שבח.
The root שבח tells us that "praise" is part of a word's meaning.

Root and Reading Practice

Circle the words with the root שבח in the sentences below. Practice reading the phrases aloud.

1 עָלֵינוּ לְשַׁבֵּחַ לַאֲדוֹן הַכֹּל, לָתֵת גְּדֻלָּה לְיוֹצֵר בְּרֵאשִׁית

2 תִּתְבָּרַךְ יְיָ אֱלֹהֵינוּ עַל שֶׁבַח מַעֲשֵׂה יָדֶיךָ

3 יִתְבָּרַךְ, וְיִשְׁתַּבַּח, וְיִתְפָּאַר, וְיִתְרוֹמַם, וְיִתְנַשֵּׂא

4 דּוֹר לְדוֹר יְשַׁבַּח מַעֲשֶׂיךָ, וּגְבוּרֹתֶיךָ יַגִּידוּ

5 יִגְדַּל אֱלֹהִים חַי וְיִשְׁתַּבַּח, נִמְצָא וְאֵין עֵת אֶל מְצִיאוּתוֹ

The root שבח tells us that we ________________ God.

Fluent Reading: קְדוּשָּׁה

In this chapter we have learned important excerpts from the קְדוּשָּׁה. Below is a fuller presentation of the prayer. Practice reading the קְדוּשָּׁה aloud.

1 נְקַדֵּשׁ אֶת־שִׁמְךָ בָּעוֹלָם,

2 כְּשֵׁם שֶׁמַּקְדִּישִׁים אוֹתוֹ בִּשְׁמֵי מָרוֹם, כַּכָּתוּב עַל־יַד נְבִיאֶךָ:

3 וְקָרָא זֶה אֶל־זֶה וְאָמַר:

4 קָדוֹשׁ, קָדוֹשׁ, קָדוֹשׁ יְיָ צְבָאוֹת, מְלֹא כָל־הָאָרֶץ כְּבוֹדוֹ.

5 אַדִּיר אַדִּירֵנוּ, יְיָ אֲדֹנֵינוּ, מָה־אַדִּיר שִׁמְךָ בְּכָל־הָאָרֶץ!

6 בָּרוּךְ כְּבוֹד־יְיָ מִמְּקוֹמוֹ.

7 אֶחָד הוּא אֱלֹהֵינוּ, הוּא אָבִינוּ, הוּא מַלְכֵּנוּ, הוּא מוֹשִׁיעֵנוּ;

8 וְהוּא יַשְׁמִיעֵנוּ בְּרַחֲמָיו לְעֵינֵי כָּל־חָי:

9 "אֲנִי יְיָ אֱלֹהֵיכֶם!"

10 יִמְלֹךְ יְיָ לְעוֹלָם, אֱלֹהַיִךְ צִיּוֹן, לְדֹר וָדֹר. הַלְלוּיָהּ!

11 לְדוֹר וָדוֹר נַגִּיד גָּדְלֶךָ,

12 וּלְנֵצַח נְצָחִים קְדֻשָּׁתְךָ נַקְדִּישׁ.

13 וְשִׁבְחֲךָ, אֱלֹהֵינוּ, מִפִּינוּ לֹא יָמוּשׁ לְעוֹלָם וָעֶד.

14 בָּרוּךְ אַתָּה, יְיָ, הָאֵל הַקָּדוֹשׁ.

7 שָׁלוֹם רָב/שִׂים שָׁלוֹם

The final blessing of the עֲמִידָה is a prayer for peace — בִּרְכַּת שָׁלוֹם. In the Evening Service this blessing is known as שָׁלוֹם רָב, but in the Morning Service a different form of the prayer is recited — שִׂים שָׁלוֹם. It is fitting that the עֲמִידָה ends with a prayer for peace, since peace has always been the most important blessing for the Jewish people.

In this chapter we will study both שָׁלוֹם רָב and שִׂים שָׁלוֹם.

• • • • • • • • •

Practice reading שָׁלוֹם רָב aloud.

1 שָׁלוֹם רָב עַל־יִשְׂרָאֵל עַמְּךָ תָּשִׂים לְעוֹלָם, כִּי אַתָּה הוּא

2 מֶלֶךְ אָדוֹן לְכָל הַשָּׁלוֹם. וְטוֹב בְּעֵינֶיךָ לְבָרֵךְ אֶת־עַמְּךָ יִשְׂרָאֵל

3 בְּכָל־עֵת וּבְכָל־שָׁעָה בִּשְׁלוֹמֶךָ.

4 בָּרוּךְ אַתָּה, יְיָ, הַמְבָרֵךְ אֶת־עַמּוֹ יִשְׂרָאֵל בַּשָּׁלוֹם.

May You bring great peace upon Israel Your people forever, for You are the Ruler, Sovereign of all peace. And may it be good in Your eyes to bless Your people Israel at every time and every hour with Your peace.
Praised are You, Adonai, who blesses God's people Israel with peace.

Prayer Dictionary

שָׁלוֹם
peace

רָב
great, abundant

עַמְּךָ
your people

וְטוֹב
and may it be good

בְּעֵינֶיךָ
in your eyes

לְבָרֵךְ
to bless

בִּשְׁלוֹמֶךָ
with your peace

Phrase Match

Write the number of the Hebrew phrase next to the correct English meaning.

______	and may it be good in Your eyes	שָׁלוֹם רָב	1
______	great peace	יִשְׂרָאֵל עַמְּךָ	2
______	to bless Your people Israel	וְטוֹב בְּעֵינֶיךָ	3
______	Israel Your people	לְבָרֵךְ אֶת־עַמְּךָ יִשְׂרָאֵל	4

Pick-Out-Peace

Look at the שָׁלוֹם רָב prayer on page 60. Circle all the words having to do with "peace."

How many words did you circle? Write the words on the line below.

____

Prayer Building Blocks

שָׁלוֹם רָב עַל־יִשְׂרָאֵל

"great (abundant) peace upon Israel Your people"

שָׁלוֹם רָב means "great (abundant) peace."

שָׁלוֹם we know, means "peace."

In Hebrew, the word שָׁלוֹם has a wider meaning.
The root שלמ means "peace," "harmony," "completeness," "wholeness."

Circle the root letters in the word בִּשְׁלוֹמֶךָ.
Now separate בִּשְׁלוֹמֶךָ into its three parts:

____________	____________	____________
suffix	main part	prefix

Write the English meaning for each part.

____________	____________	____________
suffix	main part	prefix

רַב means "great" or "abundant."

Read the sentences below.
Circle the Hebrew word for "great" or "abundant" in each one.

1 אַתָּה גִּבּוֹר לְעוֹלָם, אֲדֹנָי, מְחַיֵּה הַכֹּל אַתָּה, רַב לְהוֹשִׁיעַ.

2 מָה רַבּוּ מַעֲשֶׂיךָ, יְיָ. כֻּלָּם בְּחָכְמָה עָשִׂיתָ. מָלְאָה הָאָרֶץ קִנְיָנֶךָ.

3 אַהֲבָה רַבָּה אֲהַבְתָּנוּ, יְיָ אֱלֹהֵינוּ. חֶמְלָה גְדוֹלָה וִיתֵרָה חָמַלְתָּ עָלֵינוּ.

4 מְכַלְכֵּל חַיִּים בְּחֶסֶד, מְחַיֵּה הַכֹּל בְּרַחֲמִים רַבִּים.

5 מֹשֶׁה וּבְנֵי יִשְׂרָאֵל לְךָ עָנוּ שִׁירָה בְּשִׂמְחָה רַבָּה, וְאָמְרוּ כֻלָּם.

עַל־יִשְׂרָאֵל עַמְּךָ "upon (to) Israel Your people (nation)."

יִשְׂרָאֵל means ________________.

עַמְּךָ means "your people" or "your nation."

עַם means ________________.

ךָ is an ending that means ________________.

Look back at the prayer on the first page of this chapter. Put a star above every word that means "people" or "nation." How many stars did you draw? ______

וְטוֹב בְּעֵינֶיךָ לְבָרֵךְ אֶת־עַמְּךָ יִשְׂרָאֵל
"and may it be good in Your eyes to bless Your people Israel"

וְטוֹב means "and may it be good."

בְּעֵינֶיךָ means "in your eyes."

עֵינַיִם are "eyes."

בְּ is a prefix meaning ________________.

ךָ is a suffix meaning ________________.

Why do we hope it will be good in God's eyes to bless Israel with peace?

לְבָרֵךְ means "to bless."

Write the root of לְבָרֵךְ. _____ _____ _____

Look back at the שָׁלוֹם רָב prayer. Find another word built on the Hebrew root meaning "bless." Write it here. ________________

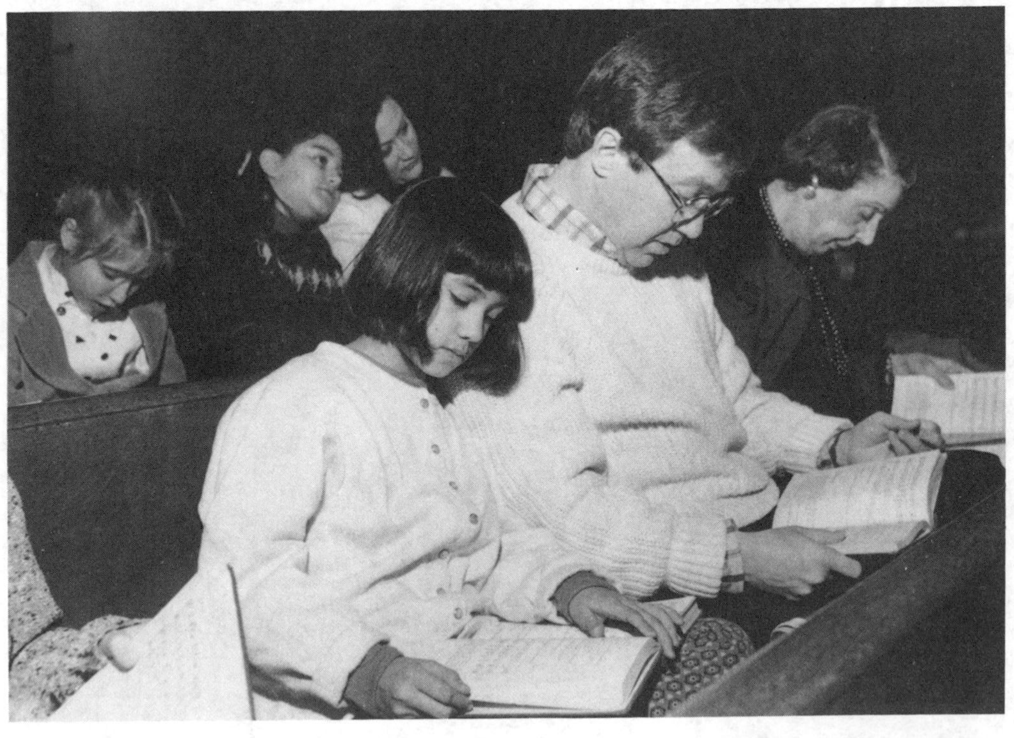

שִׂים שָׁלוֹם

בִּרְכַּת שָׁלוֹם — the Prayer for Peace — appears in a different version at the end of the Shabbat Morning עֲמִידָה. Here it is called שִׂים שָׁלוֹם.

Practice reading שִׂים שָׁלוֹם aloud.

1 שִׂים שָׁלוֹם, טוֹבָה וּבְרָכָה, חֵן וָחֶסֶד וְרַחֲמִים עָלֵינוּ

2 וְעַל־כָּל־יִשְׂרָאֵל עַמֶּךָ.

3 בָּרְכֵנוּ אָבִינוּ, כֻּלָּנוּ כְּאֶחָד, בְּאוֹר פָּנֶיךָ, כִּי בְאוֹר פָּנֶיךָ נָתַתָּ לָּנוּ,

4 יְיָ אֱלֹהֵינוּ, תּוֹרַת חַיִּים, וְאַהֲבַת חֶסֶד, וּצְדָקָה וּבְרָכָה

5 וְרַחֲמִים, וְחַיִּים וְשָׁלוֹם.

6 וְטוֹב בְּעֵינֶיךָ לְבָרֵךְ אֶת־עַמְּךָ יִשְׂרָאֵל בְּכָל־עֵת

7 וּבְכָל־שָׁעָה בִּשְׁלוֹמֶךָ.

8 בָּרוּךְ אַתָּה, יְיָ, הַמְבָרֵךְ אֶת־עַמּוֹ יִשְׂרָאֵל בַּשָּׁלוֹם.

Grant peace, goodness and blessing, graciousness and kindness and mercy (compassion) upon us and upon all Israel Your people.
Bless us, our Parent, all of us as one, with the light of Your face, for with the light of Your face, Adonai our God, You gave us the Torah of life, and a love of kindness, and righteousness and blessing and mercy (compassion), and life and peace.
And may it be good in Your eyes to bless Your people Israel at every time and at every hour with Your peace.
Praised are You, Adonai, who blesses God's people Israel with peace.

Word Match

Connect each Hebrew word to its English meaning.

goodness	שִׂים
you gave	טוֹבָה
grant, put	אָבִינוּ
our father, our parent	נָתַתָּ

What's Missing?

Complete each phrase by filling in the missing Hebrew word.

all of us *as one*	כֻּלָּנוּ __________	1
Torah of *life*	תּוֹרַת __________	2
and love of kindness	__________ חֶסֶד	3

Prayer Dictionary

שִׂים
grant, put

טוֹבָה
goodness

חֵן
graciousness

אָבִינוּ
our father, our parent

כֻּלָּנוּ כְּאֶחָד
all of us as one

נָתַתָּ
you gave

תּוֹרַת חַיִּים
Torah of life

וְאַהֲבַת חֶסֶד
and love of kindness

שִׂים שָׁלוֹם "bring peace"

שִׂים often means "put," but in this prayer we translate it as "grant."

What are we asking God to grant us? Write your answer in Hebrew. ________________

The root of שִׂים is שׂימ.
The root שׂימ tells us that "put" is part of a word's meaning.

Read the first line of שָׁלוֹם רָב and underline the word with the root שׂימ.

1 שָׁלוֹם רָב עַל־יִשְׂרָאֵל עַמְּךָ תָּשִׂים לְעוֹלָם, כִּי אַתָּה הוּא
2 מֶלֶךְ אָדוֹן לְכָל הַשָּׁלוֹם.

Look back at the שִׂים שָׁלוֹם prayer on page 65. Circle all the words having to do with peace. How many words did you circle? ________________

טוֹבָה וּבְרָכָה, חֵן וָחֶסֶד וְרַחֲמִים "goodness and blessing, graciousness and kindness and mercy (compassion)"

שִׂים שָׁלוֹם asks God to bless us with six favors or gifts.
They are:

1 שָׁלוֹם ________________
2 טוֹבָה ________________
3 בְּרָכָה ________________
4 חֵן ________________
5 חֶסֶד ________________
6 רַחֲמִים ________________

Below are the English meanings of the six favors we ask of God. Write each one in the correct blank space above.

blessing kindness peace mercy goodness graciousness

בָּרְכֵנוּ אָבִינוּ, כֻּלָּנוּ כְּאֶחָד "bless us our Parent, all of us as one"

Write the root of בָּרְכֵנוּ. _____ _____ _____

What does this root mean? _______________

What does the ending נוּ mean?

אָבִינוּ means "our father."

אָב means "father."

נוּ is an ending meaning _______________.

Because God is neither male nor female, we translate אָבִינוּ as "our parent."

In each sentence below circle the word/s that mean "father" or "parent." Practice reading the sentences aloud.

1 אָבִינוּ מַלְכֵּנוּ, חָנֵּנוּ וַעֲנֵנוּ, כִּי אֵין בָּנוּ מַעֲשִׂים.

2 אַב הָרַחֲמִים, הֵיטִיבָה בִרְצוֹנְךָ אֶת־צִיּוֹן,
תִּבְנֶה חוֹמוֹת יְרוּשָׁלָיִם.

3 אָבִינוּ הָאָב הָרַחֲמָן, הַמְרַחֵם, רַחֵם עָלֵינוּ.

4 סְלַח לָנוּ אָבִינוּ כִּי חָטָאנוּ.

כֻּלָּנוּ כְּאֶחָד means "all of us as one."

כֻּלָּנוּ has two parts: כָּל ("all") and the ending נוּ ("us").

כְּאֶחָד means "as one."

כְּ means "as."

אֶחָד means _______________.

נָתַתָּ לָנוּ "You gave to us"

נָתַתָּ means "you gave."

לָנוּ means "to us."

Break up לָנוּ into its two parts: to ________________

us ________________

The root of נָתַתָּ is נתנ.

The root נתנ tells us that "give" is part of a word's meaning.

Read the Torah Blessings below and underline the words with the root נתנ.

1 בָּרְכוּ אֶת־יְיָ הַמְבֹרָךְ.

2 בָּרוּךְ יְיָ הַמְבֹרָךְ לְעוֹלָם וָעֶד.

3 בָּרוּךְ אַתָּה, יְיָ אֱלֹהֵינוּ, מֶלֶךְ הָעוֹלָם, אֲשֶׁר בָּחַר־בָּנוּ

4 מִכָּל־הָעַמִּים וְנָתַן־לָנוּ אֶת־תּוֹרָתוֹ.

5 בָּרוּךְ אַתָּה, יְיָ, נוֹתֵן הַתּוֹרָה.

6 בָּרוּךְ אַתָּה, יְיָ אֱלֹהֵינוּ, מֶלֶךְ הָעוֹלָם, אֲשֶׁר נָתַן לָנוּ

7 תּוֹרַת אֱמֶת וְחַיֵּי עוֹלָם נָטַע בְּתוֹכֵנוּ.

8 בָּרוּךְ אַתָּה, יְיָ, נוֹתֵן הַתּוֹרָה.

The Prayer Building Block below tells us what God gave to us.

תּוֹרַת חַיִּים, וְאַהֲבַת חֶסֶד "the Torah of life, and a love of kindness"

תּוֹרַת means "the Torah of."

Write the Hebrew word for "Torah." ________________

תּוֹרַת חַיִּים means "the Torah of life."

Write the Hebrew word for "life." ________________

וְאַהֲבַת חֶסֶד means "and a love of kindness."

וְאַהֲבַת means "and a love of."

וְ is a prefix meaning ________________.

אַהֲבָה means ________________.

Write the root of אַהֲבָה. _____ _____ _____

What does this root mean ________________?

חֶסֶד means "kindness."

Circle חֶסֶד (or its variation) in each line below. Practice reading the phrases aloud.

1 גּוֹמֵל חֲסָדִים טוֹבִים וְקוֹנֵה הַכֹּל וְזוֹכֵר חַסְדֵי אָבוֹת

2 מְכַלְכֵּל חַיִּים בְּחֶסֶד, מְחַיֵּה הַכֹּל בְּרַחֲמִים רַבִּים

3 שִׂים שָׁלוֹם, טוֹבָה וּבְרָכָה, חֵן וָחֶסֶד וְרַחֲמִים

4 הוּא נוֹתֵן לֶחֶם לְכָל-בָּשָׂר כִּי לְעוֹלָם חַסְדּוֹ

Fluent Reading: הוֹדָאָה

We know that שָׁלוֹם רָב and שִׂים שָׁלוֹם are the last blessings of the עֲמִידָה — שָׁלוֹם רָב in the Evening Service, and שִׂים שָׁלוֹם in the Morning Service.

The blessing preceding both these prayers is called the הוֹדָאָה. It is a blessing of Thanksgiving to God. In the הוֹדָאָה we thank and praise God for the miracle of life. You will see that the הוֹדָאָה begins with the word מוֹדִים ("we thank you"). Do you know its related word, תּוֹדָה?

• • • • • • • • •

Practice reading the הוֹדָאָה aloud.

מוֹדִים אֲנַחְנוּ לָךְ, שָׁאַתָּה הוּא יְיָ אֱלֹהֵינוּ וֵאלֹהֵי אֲבוֹתֵינוּ
לְעוֹלָם וָעֶד. צוּר חַיֵּינוּ, מָגֵן יִשְׁעֵנוּ, אַתָּה הוּא לְדוֹר וָדוֹר.
נוֹדֶה לְּךָ וּנְסַפֵּר תְּהִלָּתֶךָ, עַל חַיֵּינוּ הַמְּסוּרִים בְּיָדֶךָ, וְעַל־
נִשְׁמוֹתֵינוּ הַפְּקוּדוֹת לָךְ, וְעַל־נִסֶּיךָ שֶׁבְּכָל־יוֹם עִמָּנוּ,
וְעַל־נִפְלְאוֹתֶיךָ וְטוֹבוֹתֶיךָ שֶׁבְּכָל־עֵת, עֶרֶב וָבֹקֶר וְצָהֳרָיִם.
הַטּוֹב: כִּי לֹא־כָלוּ רַחֲמֶיךָ, וְהַמְרַחֵם: כִּי־לֹא תַמּוּ חֲסָדֶיךָ,
מֵעוֹלָם קִוִּינוּ לָךְ.
וְעַל כֻּלָּם יִתְבָּרַךְ וְיִתְרוֹמַם שִׁמְךָ, מַלְכֵּנוּ, תָּמִיד לְעוֹלָם וָעֶד.
וְכֹל הַחַיִּים יוֹדוּךָ סֶּלָה, וִיהַלְלוּ אֶת־שִׁמְךָ בֶּאֱמֶת, הָאֵל
יְשׁוּעָתֵנוּ וְעֶזְרָתֵנוּ סֶלָה.
בָּרוּךְ אַתָּה, יְיָ, הַטּוֹב שִׁמְךָ וּלְךָ נָאֶה לְהוֹדוֹת.

8 בְּרְכוֹת הַהַפְטָרָה

When you become a Bar Mitzvah or a Bat Mitzvah, you will probably read a passage from Prophets — the second part of the תַּנַ"ךְ. This passage is called the Haftarah. It is linked thematically to the Torah reading.

Just as we recite a blessing before and after the Torah reading, so do we bless God before the Haftarah reading and on its completion.

● ● ● ● ● ● ● ● ●

Blessing Before the Haftarah Reading

Practice reading the blessing aloud.

1 בָּרוּךְ אַתָּה, יְיָ אֱלֹהֵינוּ, מֶלֶךְ הָעוֹלָם, אֲשֶׁר בָּחַר

2 בִּנְבִיאִים טוֹבִים, וְרָצָה בְדִבְרֵיהֶם הַנֶּאֱמָרִים בֶּאֱמֶת.

3 בָּרוּךְ אַתָּה יְיָ, הַבּוֹחֵר בַּתּוֹרָה, וּבְמֹשֶׁה עַבְדּוֹ,

4 וּבְיִשְׂרָאֵל עַמּוֹ, וּבִנְבִיאֵי הָאֱמֶת וָצֶדֶק.

Praised are You, Adonai our God, Ruler of the world, who chose good (faithful) prophets, and was pleased with their words spoken in truth.
Praised are You, Adonai, the One who takes delight in (chooses) the Torah, and Moses, God's servant, and Israel, God's people, and prophets of truth and righteousness (justice).

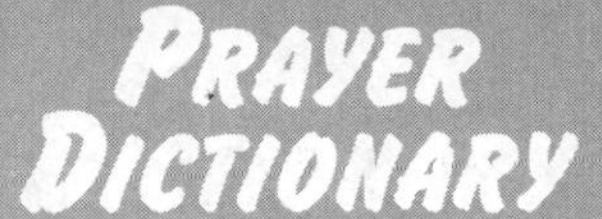

בָּחַר
chose

בִּנְבִיאִים
prophets

טוֹבִים
good, faithful

הַנֶּאֱמָרִים
spoken

בֶּאֱמֶת
in truth

הַבּוֹחֵר
the one who chooses

עַבְדּוֹ
God's servant

עַמּוֹ
God's people

וָצֶדֶק
and righteousness, justice

The Family Connection

There are three sets of family words in the blessing before the הַפְטָרָה reading.

3	2	1
בֶּאֱמֶת	בִּנְבִיאִים	בָּחַר
הָאֱמֶת	וּבִנְבִיאֵי	הַבּוֹחֵר

Write the number of the family words next to their correct English meaning.

_____ prophets

_____ choose

_____ truth

Make Me a Match!

Connect the Hebrew word to its English meaning.

God's people	טוֹבִים
and righteousness, justice	הַנֶּאֱמָרִים
good, faithful	עַבְדּוֹ
spoken	עַמּוֹ
God's servant	וָצֶדֶק

Clue Words

The תַּנַ"ךְ is made up of three parts:

Torah 1. תּוֹרָה (ת)

Prophets 2. נְבִיאִים (נ)

Writings 3. כְּתוּבִים (כ, ך)

We know that the הַפְטָרָה is a reading from Prophets.

Look at the blessing at the beginning of this chapter on page 72 to find the two words that mention "prophets." Write the Hebrew words here.

________________ ________________

Did You Know?

The word הַפְטָרָה means "conclusion."

The הַפְטָרָה is not read from a scroll like the Torah, but from a printed book with vowels. Can you think of two differences between the Torah scroll and a printed book?

Find the Blessing

Here again is the blessing before the הַפְטָרָה reading (actually, if you look closely you'll find two blessings). For each blessing underline the words that usually begin a בְּרָכָה.

בָּרוּךְ אַתָּה, יְיָ אֱלֹהֵינוּ, מֶלֶךְ הָעוֹלָם, אֲשֶׁר בָּחַר
בִּנְבִיאִים טוֹבִים, וְרָצָה בְדִבְרֵיהֶם הַנֶּאֱמָרִים בֶּאֱמֶת.
בָּרוּךְ אַתָּה יְיָ, הַבּוֹחֵר בַּתּוֹרָה, וּבְמֹשֶׁה עַבְדּוֹ, וּבְיִשְׂרָאֵל עַמּוֹ,
וּבִנְבִיאֵי הָאֱמֶת וָצֶדֶק.

Prayer Building Blocks

אֲשֶׁר בָּחַר בִּנְבִיאִים טוֹבִים "who chose good (faithful) prophets"

בָּחַר means "chose."

נְבִיאִים is the plural of נָבִיא.

Circle the part of נְבִיאִים that shows it is plural. נְבִיאִים

נָבִיא means ________________.

נְבִיאִים means ________________.

טוֹבִים is an adjective describing נְבִיאִים.

Circle the part of טוֹבִים that shows it is plural. טוֹבִים

טוֹב means ________________.

טוֹבִים means ________________.

Prophet Match

Connect the Hebrew name of each Prophet with its English equivalent.

Micah	יִרְמְיָהוּ
Zechariah	עָמוֹס
Ezekiel	יְשַׁעְיָהוּ
Amos	יְחֶזְקֵאל
Jeremiah	מִיכָה
Isaiah	זְכַרְיָה

הַנֶּאֱמָרִים בֶּאֱמֶת "spoken in truth"

הַנֶּאֱמָרִים means "spoken."

The root letters of הַנֶּאֱמָרִים are אמר.

אמר means "speak" or "say."

בֶּאֱמֶת means "in truth."

בֶּ is a prefix meaning ________________.

אֱמֶת means ________________.

הַנֶּאֱמָרִים בֶּאֱמֶת means ____________________________.

Roots

Read the following phrases aloud. Circle the words with the root אמר.

1 הָאֵל הַנֶּאֱמָן, הָאוֹמֵר וְעוֹשֶׂה

2 יִהְיוּ לְרָצוֹן אִמְרֵי פִי

3 חֲבֵרִים כָּל־יִשְׂרָאֵל, וְנֹאמַר אָמֵן

4 אָז יֹאמְרוּ בַגּוֹיִם: "הִגְדִּיל יְיָ לַעֲשׂוֹת עִם אֵלֶּה"

5 בָּרוּךְ שֶׁאָמַר וְהָיָה הָעוֹלָם, בָּרוּךְ הוּא

הַבּוֹחֵר בַּתּוֹרָה "the One who chooses the Torah"

הַבּוֹחֵר means "the one who chooses."

In this phrase, הַ is a prefix meaning "the one who."

בּוֹחֵר means ________________.

תּוֹרָה means ________________.

Roots

הַבּוֹחֵר is built on the root בחר.
The root בחר tells us that "choose" is part of a word's meaning.

Below are lines from two prayers you have studied. Read each excerpt and circle the word built on the root בחר in each.

1 בָּרוּךְ אַתָּה, יְיָ אֱלֹהֵינוּ, מֶלֶךְ הָעוֹלָם, אֲשֶׁר בָּחַר־בָּנוּ
מִכָּל־הָעַמִּים, וְנָתַן־לָנוּ אֶת־תּוֹרָתוֹ.

2 כִּי בָנוּ בָחַרְתָּ וְאוֹתָנוּ קִדַּשְׁתָּ מִכָּל הָעַמִּים

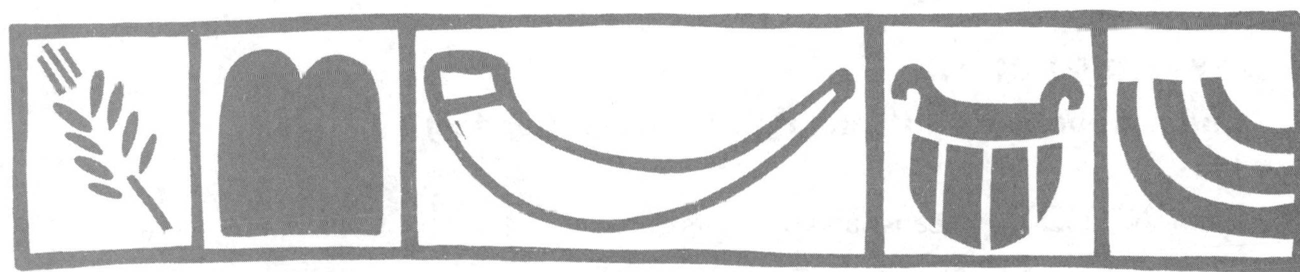

וּבְמֹשֶׁה עַבְדּוֹ "and Moses, God's servant"

וּבְמֹשֶׁה means "and Moses."
וּ is a prefix meaning ________________.
מֹשֶׁה means ________________.

עַבְדּוֹ means "God's servant."
עַבְדּוֹ is made up of two word parts: עֶבֶד and the word ending וֹ ("his").
Because God is neither male nor female, we translate עַבְדּוֹ as "God's servant."

How was Moses God's servant?

וּבְיִשְׂרָאֵל עַמּוֹ "and Israel, God's people."

וּבְיִשְׂרָאֵל	means "and Israel."
וּ	is a prefix meaning ________________.
יִשְׂרָאֵל	we know, means ________________.
עַמּוֹ	means "God's people."
עַם	means "people" or "nation."
וֹ	at the end of a word means "his."

As God is neither male nor female, we translate עַמּוֹ as "God's people."

וּבִנְבִיאֵי הָאֱמֶת וָצֶדֶק "and prophets of truth and righteousness (justice)"

וּבִנְבִיאֵי	means "and prophets of"
וּ	is a prefix meaning ________________.
נְבִיאֵי	means "prophets of."

Find the Prophet

In each of the words below circle the letters that spell prophet — נביא.

בִּנְבִיאִים   וּבִנְבִיאֵי

הָאֱמֶת means "the truth."

הָ is a prefix meaning ________________.

אֱמֶת means ________________.

Read the following prayer excerpts. Circle the word אֱמֶת in each line.

1 וְטַהֵר לִבֵּנוּ לְעָבְדְּךָ בֶּאֱמֶת

2 אֲשֶׁר נָתַן לָנוּ תּוֹרַת אֱמֶת וְחַיֵּי עוֹלָם נָטַע בְּתוֹכֵנוּ

3 אֱמֶת מַלְכֵּנוּ, אֶפֶס זוּלָתוֹ

4 תּוֹרַת אֱמֶת נָתַן לְעַמּוֹ אֵל עַל יַד נְבִיאוֹ נֶאֱמַן בֵּיתוֹ

5 הוֹלֵךְ תָּמִים וּפֹעֵל צֶדֶק וְדֹבֵר אֱמֶת בִּלְבָבוֹ

An Ethical Echo

Psalm 15 asks: *Adonai, who may live in Your house? Who may dwell in Your holy mountain?*

...and answers: *Those who are upright: who do justly; who speak the truth (אֱמֶת) within their hearts.*

A Point to Ponder

What does it mean to speak the truth within your heart?

וְצֶדֶק means "and righteousness," "and justice."

וְ is a prefix meaning ________________.

צֶדֶק means ________________.

Do you recognize the word צְדָקָה? Tzedakah means more than "charity." It comes from the root meaning "righteousness" or "justice." It is a commandment in the Torah to give tzedakah. In what way is giving tzedakah "right" or "just"?

Blessing After the Haftarah Reading

Most congregations recite four blessings after the Haftarah reading.

• • • • • • • • •

Practice reading the first of these blessings.

בָּרוּךְ אַתָּה, יְיָ אֱלֹהֵינוּ, מֶלֶךְ הָעוֹלָם, צוּר כָּל הָעוֹלָמִים,
צַדִּיק בְּכָל הַדּוֹרוֹת, הָאֵל הַנֶּאֱמָן, הָאוֹמֵר וְעוֹשֶׂה,
הַמְדַבֵּר וּמְקַיֵּם, שֶׁכָּל־דְּבָרָיו אֱמֶת וָצֶדֶק.

נֶאֱמָן אַתָּה הוּא, יְיָ אֱלֹהֵינוּ, וְנֶאֱמָנִים דְּבָרֶיךָ, וְדָבָר אֶחָד
מִדְּבָרֶיךָ, אָחוֹר לֹא יָשׁוּב רֵיקָם, כִּי אֵל מֶלֶךְ נֶאֱמָן וְרַחֲמָן אָתָּה.
בָּרוּךְ אַתָּה, יְיָ, הָאֵל הַנֶּאֱמָן בְּכָל־דְּבָרָיו.

Praised are You, Adonai our God, Ruler of the world, rock of all eternity, righteous in all generations, the faithful God, the One who says and does, the One who speaks and fulfills, for all God's words are truthful and just.

You are faithful, Adonai our God, and faithful are Your words, and not one of Your words will return empty, for You are a faithful and compassionate God and Ruler. Praised are You, Adonai, who are faithful in all Your words.

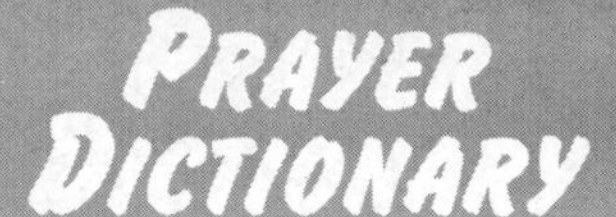

צַדִּיק
righteous

הַדּוֹרוֹת
the generations

הַנֶּאֱמָן
the faithful

הָאוֹמֵר
the one who says

וְעוֹשֶׂה
and does

הַמְדַבֵּר
the one who speaks

What Does It Mean?

Write the correct meaning below each Hebrew word.

הַמְדַבֵּר	וְעוֹשֶׂה	הַנֶּאֱמָן
____________	____________	____________
הַדּוֹרוֹת	צַדִּיק	הָאוֹמֵר
____________	____________	____________

Prayer Building Blocks

צַדִּיק בְּכָל הַדּוֹרוֹת "righteous in all generations"

צַדִּיק means "righteous."

בְּכָל means "in all."

בְּ is a prefix meaning ____________.

כָל means ____________.

הַדּוֹרוֹת means "the generations."

הַ is a prefix meaning ____________.

דּוֹרוֹת means ____________.

דּוֹרוֹת is the plural of דּוֹר.

Circle the part of דּוֹרוֹת that shows it is plural. דּוֹרוֹת

דּוֹר means ____________.

דּוֹרוֹת means ____________.

Did You Know?

We are not sure exactly when the הַפְטָרָה blessings were written. The *Amoraim* (the rabbis whose commentaries on Jewish law are recorded in the *Gemara*) first referred to these blessings around the year 300 C.E. So, the הַפְטָרָה blessings are at least 1,700 years old.

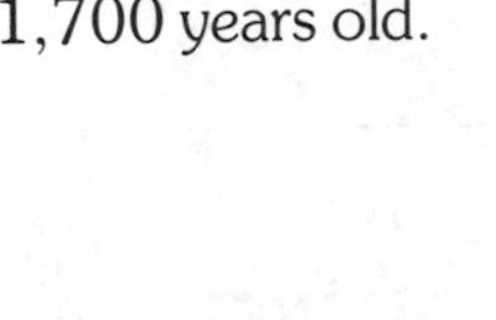

הָאֵל הַנֶּאֱמָן "the faithful God"

הָאֵל means "the God."

הָ is a prefix meaning ________________.

אֵל means ________________.

הַנֶּאֱמָן means "the faithful."

הַ means ________________.

נֶאֱמָן means ________________.

Looking Back

Reread the first blessing after the הַפְטָרָה reading on page 80. How many times can you find the word הַנֶּאֱמָן, or a word built on the same root?

הָאוֹמֵר וְעוֹשֶׂה "the One who says and does"

הָאוֹמֵר	means "the one who says."
וְעוֹשֶׂה	means "and does."
וְ	is a prefix meaning ________________.
עוֹשֶׂה	means ________________.

Roots

וְעוֹשֶׂה is built on the root עשה.
The root עשה tells us that *do* is part of a word's meaning.

Circle the root letters in each of these words. (Sometimes the root letter ה is missing.)

כְּמַעֲשֶׂיךָ לַעֲשׂוֹת וַעֲשִׂיתֶם לְמַעֲשֵׂה

הַמְדַבֵּר "the One who speaks"

הַמְדַבֵּר means "the one who speaks."

In this phrase, הַ means "the one who."

מְדַבֵּר means ________________.

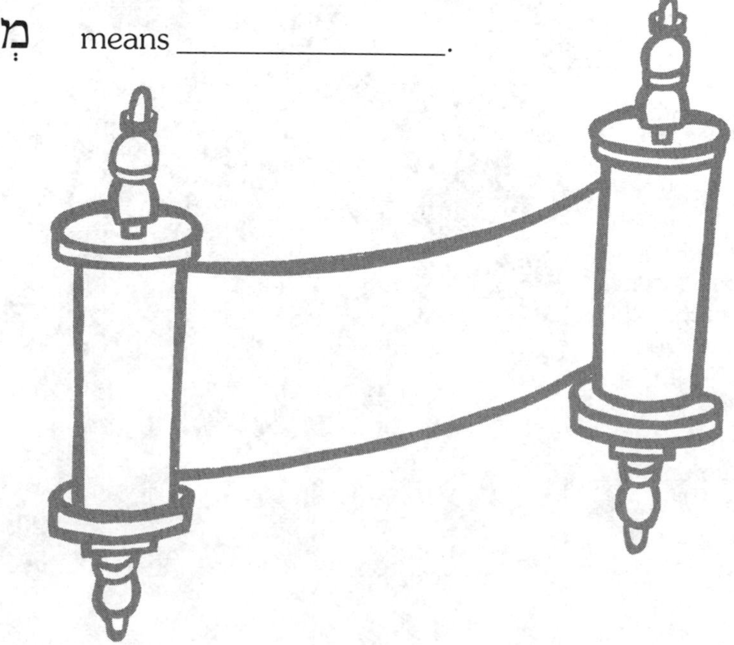

More Roots

הַמְדַבֵּר is built on the root דבר.

The root דבר tells us that *speak* (or *word* or *thing*) is part of a word's meaning.

Read the phrases below from the first blessing after the Haftarah reading. Circle the word(s) built on דבר in each of these phrases.

1 הָאוֹמֵר וְעוֹשֶׂה, הַמְדַבֵּר וּמְקַיֵּם

2 שֶׁכָּל־דְּבָרָיו אֱמֶת וָצֶדֶק

3 נֶאֱמָן אַתָּה הוּא, יְיָ אֱלֹהֵינוּ, וְנֶאֱמָנִים דְּבָרֶיךָ

4 וְדָבָר אֶחָד מִדְּבָרֶיךָ, אָחוֹר לֹא יָשׁוּב רֵיקָם

5 בָּרוּךְ אַתָּה, יְיָ, הָאֵל הַנֶּאֱמָן בְּכָל־דְּבָרָיו

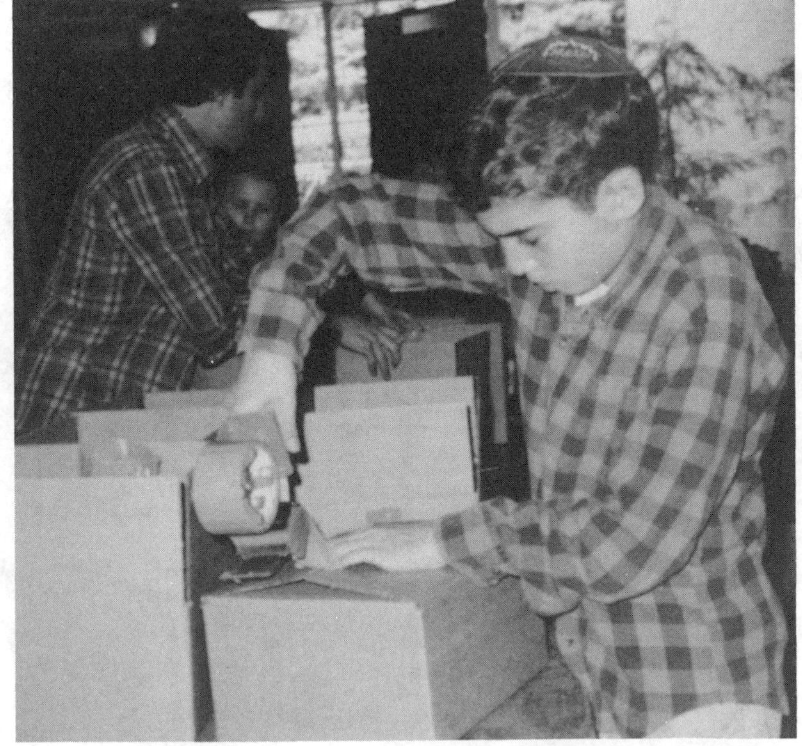

The prophets that you read about in the Haftarah (like Isaiah, Jeremiah, and Ezekiel) spoke about helping the poor, feeding the hungry, living in peace — the same concerns we have today. This boy is packing gefilte fish, wine, matzah, and other traditional foods to help needy people in his community celebrate Passover. What can *you* do to fulfill the words of the prophets and help those in need?

Fluent Reading: בִּרְכוֹת הַהַפְטָרָה

There are four blessings after the הַפְטָרָה reading.

In the first blessing, which we have studied, we praise God whose words are true, and whose promises will be fulfilled.

The second blessing asks God for mercy upon Zion and the people of Israel. The third expresses the hope that Elijah the prophet will come soon and bring the Messiah.

The fourth and last blessing praises and thanks God for the holy Shabbat.

• • • • • • • • •

Practice reading blessings two, three, and four after the הַפְטָרָה reading.

II

רַחֵם עַל־צִיּוֹן כִּי הִיא בֵּית חַיֵּינוּ, וְלַעֲלוּבַת נֶפֶשׁ תּוֹשִׁיעַ בִּמְהֵרָה בְיָמֵינוּ. בָּרוּךְ אַתָּה, יְיָ, מְשַׂמֵּחַ צִיּוֹן בְּבָנֶיהָ.

III

שַׂמְּחֵנוּ, יְיָ אֱלֹהֵינוּ, בְּאֵלִיָּהוּ הַנָּבִיא עַבְדֶּךָ, וּבְמַלְכוּת בֵּית דָּוִד מְשִׁיחֶךָ, בִּמְהֵרָה יָבֹא וְיָגֵל לִבֵּנוּ. עַל־כִּסְאוֹ לֹא־יֵשֶׁב זָר וְלֹא־יִנְחֲלוּ עוֹד אֲחֵרִים אֶת־כְּבוֹדוֹ, כִּי בְשֵׁם קָדְשְׁךָ נִשְׁבַּעְתָּ לּוֹ שֶׁלֹּא־יִכְבֶּה נֵרוֹ לְעוֹלָם וָעֶד. בָּרוּךְ אַתָּה, יְיָ, מָגֵן דָּוִד.

IV

עַל־הַתּוֹרָה, וְעַל־הָעֲבוֹדָה, וְעַל־הַנְּבִיאִים, וְעַל־יוֹם הַשַּׁבָּת הַזֶּה, שֶׁנָּתַתָּ־לָּנוּ, יְיָ אֱלֹהֵינוּ, לִקְדֻשָּׁה וְלִמְנוּחָה, לְכָבוֹד וּלְתִפְאָרֶת, עַל־הַכֹּל, יְיָ אֱלֹהֵינוּ, אֲנַחְנוּ מוֹדִים לָךְ, וּמְבָרְכִים אוֹתָךְ. יִתְבָּרַךְ שִׁמְךָ בְּפִי כָּל־חַי תָּמִיד לְעוֹלָם וָעֶד. בָּרוּךְ אַתָּה, יְיָ, מְקַדֵּשׁ הַשַּׁבָּת.

9 הַלֵּל

Some prayers are said only on holidays and special occasions. Hallel (Hymns of Praise) are in this category. Hallel is a group of six psalms recited on פֶּסַח, שָׁבוּעוֹת, and סֻכּוֹת (the three Pilgrimage Festivals) and on חֲנֻכָּה, and רֹאשׁ חֹדֶשׁ (the New Month). More recently, הַלֵּל is also said on יוֹם הָעַצְמָאוּת and יוֹם יְרוּשָׁלַיִם. According to tradition, the joyful praise of God expressed in הַלֵּל was written by King David.

Below are excerpts from some of the psalms in הַלֵּל.

Practice reading הַלֵּל aloud.

Psalm 113

1 הַלְלוּיָהּ!

2 הַלְלוּ, עַבְדֵי יְיָ, הַלְלוּ אֶת־שֵׁם יְיָ!

3 יְהִי שֵׁם יְיָ מְבֹרָךְ, מֵעַתָּה וְעַד־עוֹלָם.

Halleluyah!
Give praise, servants of Adonai, praise the name of Adonai!
Blessed be the name of Adonai, from now and forever.

• • • • • • • • •

Psalm 114

4 בְּצֵאת יִשְׂרָאֵל מִמִּצְרָיִם, בֵּית יַעֲקֹב מֵעַם לֹעֵז,

5 הָיְתָה יְהוּדָה לְקָדְשׁוֹ, יִשְׂרָאֵל מַמְשְׁלוֹתָיו.

6 הַיָּם רָאָה וַיָּנֹס, הַיַּרְדֵּן יִסֹּב לְאָחוֹר.

7 הֶהָרִים רָקְדוּ כְאֵילִים, גְּבָעוֹת כִּבְנֵי־צֹאן.

When Israel went out of Egypt, the house of Jacob from an alien people,
Judah became God's sanctuary, Israel God's dominions.
The sea saw and fled, the Jordan turned back.
The mountains skipped like rams, the hills like lambs.

Psalm 115

8 בְּרוּכִים אַתֶּם לַיְיָ, עֹשֵׂה שָׁמַיִם וָאָרֶץ.

9 הַשָּׁמַיִם שָׁמַיִם לַיְיָ, וְהָאָרֶץ נָתַן לִבְנֵי־אָדָם.

You are blessed by Adonai, Maker of heaven and earth.
The heaven is the heaven of Adonai, and the earth God gave to people.

• • • • • • • • •

Psalm 118

10 הוֹדוּ לַיְיָ כִּי־טוֹב, כִּי לְעוֹלָם חַסְדּוֹ.

11 זֶה־הַשַּׁעַר לַיְיָ, צַדִּיקִים יָבֹאוּ בוֹ.

12 אוֹדְךָ כִּי עֲנִיתָנִי, וַתְּהִי־לִי לִישׁוּעָה.

13 אֶבֶן מָאֲסוּ הַבּוֹנִים, הָיְתָה לְרֹאשׁ פִּנָּה.

14 מֵאֵת יְיָ הָיְתָה זֹּאת; הִיא נִפְלָאת בְּעֵינֵינוּ.

15 זֶה־הַיּוֹם עָשָׂה יְיָ, נָגִילָה וְנִשְׂמְחָה בוֹ.

Give thanks to Adonai for it is good (to give thanks), for God's kindness is forever.

This is the gateway to Adonai, the righteous shall enter it.
I thank You for You have answered me, and have become my salvation .

The stone which the builders rejected has become the key stone.
This is the doing of Adonai; it is wondrous in our eyes.

This is the day Adonai has made, let us rejoice and be happy in it.

Sing Halleluyah!

Below are words from our songs of praise to God. Write the meaning for each Hebrew word.

הַלְלוּ הַיּוֹם בְּצֵאת יִשְׂרָאֵל

_______________ _______________ _______________

בְּעֵינֵינוּ הוֹדוּ

_______________ _______________

עַבְדֵי יְיָ וְנִשְׂמְחָה צַדִּיקִים

_______________ _______________ _______________

Word Match

Connect the prayer word or phrase to its English meaning.

give thanks	צַדִּיקִים
give praise	עַבְדֵי יְיָ
righteous people	הוֹדוּ
the day	בְּצֵאת יִשְׂרָאֵל
servants of Adonai	בְּעֵינֵינוּ
when Israel went out	וְנִשְׂמְחָה
and let us be happy	הַיּוֹם
in our eyes	הַלְלוּ

Prayer Dictionary

הַלְלוּ
give praise

עַבְדֵי יְיָ
servants of Adonai

בְּצֵאת יִשְׂרָאֵל
When Israel went out

הוֹדוּ
give thanks

צַדִּיקִים
righteous people

בְּעֵינֵינוּ
in our eyes

הַיּוֹם
the day

וְנִשְׂמְחָה
and let us be happy

It's a Mitzvah!

We say certain blessings to remind us that we are fulfilling one of God's commandments, מִצְוֹת. These blessings are called blessings of mitzvah, בְּרָכוֹת שֶׁל מִצְוָה. Although the commandment to recite הַלֵּל is not explicitly written in the תּוֹרָה, we say a בְּרָכָה שֶׁל מִצְוָה before we recite הַלֵּל. The duty to recite הַלֵּל was prescribed by the Talmudic rabbis.

Practice reading the blessing before הַלֵּל.

1 בָּרוּךְ אַתָּה, יְיָ אֱלֹהֵינוּ, מֶלֶךְ הָעוֹלָם,

2 אֲשֶׁר קִדְּשָׁנוּ בְּמִצְוֹתָיו וְצִוָּנוּ לִקְרֹא אֶת־הַהַלֵּל.

Underline the ten words that always begin a בְּרָכָה שֶׁל מִצְוָה.

Can you think of another occasion when we say a בְּרָכָה שֶׁל מִצְוָה?

Prayer Building Blocks

הַלְלוּ, עַבְדֵי יְיָ "give praise, servants of Adonai"

הַלְלוּ means "give praise" or "let us praise."

To whom should we give praise? ________________

The root of הַלְלוּ is הלל.

The root הלל tells us that "praise" is part of a word's meaning.

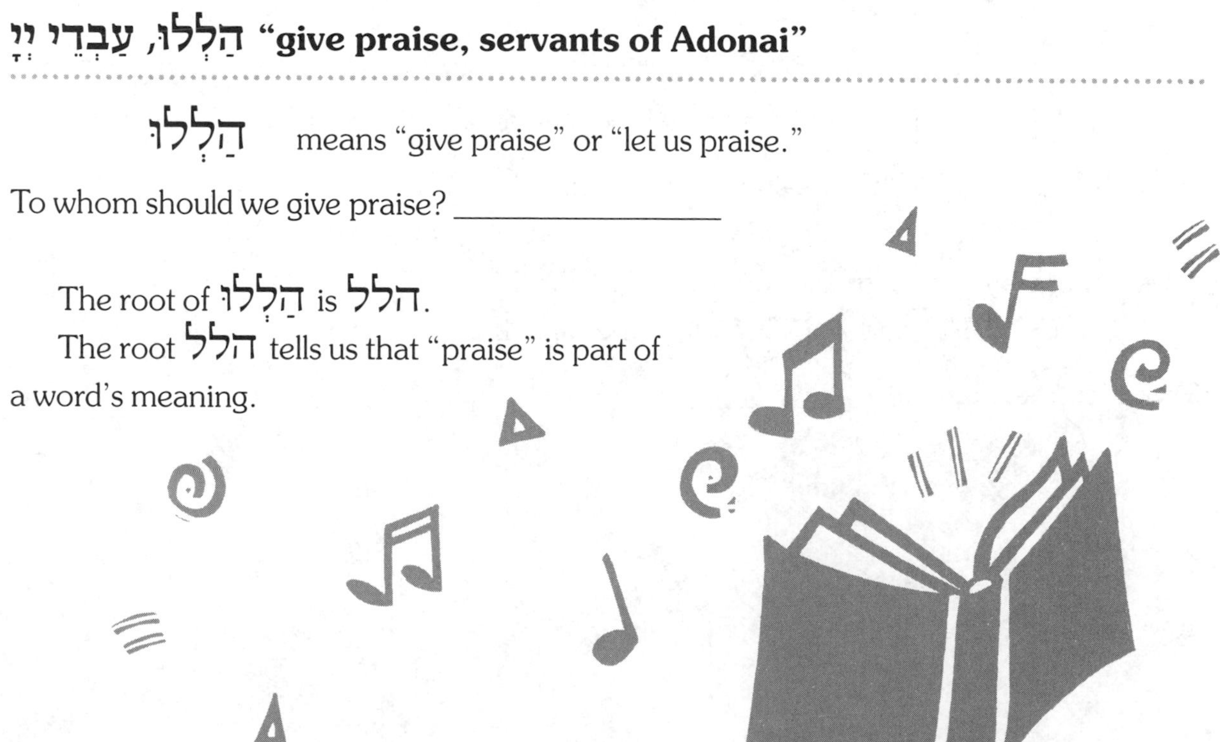

Reading and Root Practice

In each sentence below circle the word built on the root הלל. Practice reading each sentence aloud.

1 יְהַלְלוּ אֶת־שֵׁם יְיָ כִּי נִשְׂגָּב שְׁמוֹ לְבַדּוֹ.

2 יִתְבָּרַךְ וְיִשְׁתַּבַּח, וְיִתְפָּאַר, וְיִתְרוֹמַם, וְיִתְנַשֵּׂא, וְיִתְהַדַּר
וְיִתְעַלֶּה, וְיִתְהַלַּל שְׁמֵהּ דְּקֻדְשָׁא, בְּרִיךְ הוּא.

3 הַלְלוּיָהּ. הַלְלוּ אֶת־שֵׁם יְיָ.

4 הוֹדוֹ עַל אֶרֶץ וְשָׁמָיִם, וַיָּרֶם קֶרֶן לְעַמּוֹ תְּהִלָּה לְכָל חֲסִידָיו
לִבְנֵי יִשְׂרָאֵל עַם קְרֹבוֹ הַלְלוּיָהּ.

5 וְכֹל הַחַיִּים יוֹדוּךָ סֶּלָה, וִיהַלְלוּ אֶת־שִׁמְךָ בֶּאֱמֶת.

• • • • • • • • •

עַבְדֵי means "the servants of."

עֶבֶד is a "servant" or a "slave."

עֲבָדִים is a plural word meaning "servants" or "slaves."

Circle the part of עֲבָדִים that shows it is plural. עֲבָדִים

Another way of saying "the servants of" is הָעֲבָדִים שֶׁל.
הָעֲבָדִים שֶׁל יְיָ and עַבְדֵי יְיָ mean the same thing.

Write their meaning. __________________

The Holiday Connection

Read this Hebrew sentence:

עֲבָדִים הָיִינוּ לְפַרְעֹה בְּמִצְרָיִם.

We were slaves to Pharaoh in Egypt.

On what holiday do we recite these words? ________________

In what book are these words written? ________________

בְּצֵאת יִשְׂרָאֵל מִמִּצְרָיִם "when Israel went out of Egypt"

בְּצֵאת יִשְׂרָאֵל means "when Israel went out."

יִשְׂרָאֵל we know, means ________________.

The root of בְּצֵאת is **יצא**.

The root **יצא** tells us that "go out" is part of a word's meaning.

Circle the word with the root letters **יצא** in the sentence below.

כִּי הוּא יוֹם תְּחִלָּה לְמִקְרָאֵי קֹדֶשׁ, זֵכֶר לִיצִיאַת מִצְרָיִם.

Do you recognize the prayer from which this line comes? (Hint: We say it on a Friday night.)

What event do we remember in the words זֵכֶר לִיצִיאַת מִצְרָיִם?

זֶה־הַשַּׁעַר לַייָ, צַדִּיקִים יָבֹאוּ בוֹ

"this is the gateway to Adonai, the righteous shall enter it"

צַדִּיקִים means "(the) righteous."

צַדִּיק we know, means "righteous" or "just."

Circle the part of צַדִּיקִים that shows it is plural. צַדִּיקִים

Give one example of what makes a person righteous.

____

הִיא נִפְלָאת בְּעֵינֵינוּ "it is wondrous in our eyes"

בְּעֵינֵינוּ means "in our eyes."

בְּ means ________________.

עֵינַיִם we know, are "eyes."

נוּ at the end of a word, means ________________.

עֵינֵינוּ means ________________.

Circle the Hebrew word meaning "eyes" in each sentence below. Practice reading the sentences aloud.

1 וְטוֹב בְּעֵינֶיךָ לְבָרֵךְ אֶת־עַמְּךָ יִשְׂרָאֵל בְּכָל־עֵת
וּבְכָל־שָׁעָה בִּשְׁלוֹמֶךָ.

2 פֶּה לָהֶם וְלֹא יְדַבֵּרוּ. עֵינַיִם לָהֶם וְלֹא יִרְאוּ. אָזְנַיִם לָהֶם
וְלֹא יִשְׁמָעוּ.

3 וְהָאֵר עֵינֵינוּ בְּתוֹרָתֶךָ, וְדַבֵּק לִבֵּנוּ בְּמִצְוֹתֶיךָ.

4 עֵינֵי כֹל אֵלֶיךָ יְשַׂבֵּרוּ, וְאַתָּה נוֹתֵן לָהֶם אֶת אָכְלָם בְּעִתּוֹ.

5 וְעֵינֵינוּ תִרְאֶינָה מַלְכוּתֶךָ, כַּדָּבָר הָאָמוּר בְּשִׁירֵי עֻזֶּךָ.

All Rise!

We stand when saying הַלֵּל to indicate our great respect for God's deeds and powers. Can you think of another occasion when we rise to indicate respect and honor?

More Prayer Building Blocks

הוֹדוּ לַייָ כִּי־טוֹב "give thanks to God who is good"

הוֹדוּ means "give thanks."

You know the related word תּוֹדָה, which means "thank." In each sentence below underline the word that means "thank." (Clue: The Hebrew word for "thank" may also appear in these forms — מוֹדִים, נוֹדֶה.)

1 מוֹדִים אֲנַחְנוּ לָךְ, שָׁאַתָּה הוּא יְיָ אֱלֹהֵינוּ וֵאלֹהֵי אֲבוֹתֵינוּ לְעוֹלָם וָעֶד.

2 נוֹדֶה לֵאלֹהֵינוּ. נוֹדֶה לַאדוֹנֵינוּ. נוֹדֶה לְמַלְכֵּנוּ. נוֹדֶה לְמוֹשִׁיעֵנוּ.

3 וַאֲנַחְנוּ כּוֹרְעִים וּמִשְׁתַּחֲוִים וּמוֹדִים לִפְנֵי מֶלֶךְ מַלְכֵי הַמְּלָכִים, הַקָּדוֹשׁ בָּרוּךְ הוּא.

4 טוֹב לְהֹדוֹת לַייָ וּלְזַמֵּר לְשִׁמְךָ עֶלְיוֹן.

5 מוֹדֶה אֲנִי לְפָנֶיךָ מֶלֶךְ חַי וְקַיָּם.

6 וְעַל הַכֹּל יְיָ אֱלֹהֵינוּ, אֲנַחְנוּ מוֹדִים לָךְ, וּמְבָרְכִים אוֹתָךְ.

Challenge Question:
What is our purpose in thanking God? Is it different when people thank each other?

Theme of the Prayer

The psalms in Hallel were chosen because they contain five important themes of Jewish belief: the Exodus from Egypt, the Crossing of the Sea of Reeds, the Giving of the Torah at Mount Sinai, Eternal Life, and the Coming of the Messiah.

The following line from Psalm 118 in הַלֵּל sums up the theme of joyful thanks to God.

זֶה־הַיּוֹם עָשָׂה יְיָ, נָגִילָה וְנִשְׂמְחָה בוֹ.

This is the day Adonai has made, let us rejoice and be happy in it.

הַיּוֹם means "the day."

הַ means ________________.

יוֹם means ________________.

וְנִשְׂמְחָה means "and let us be happy."

וְ means ________________.

נִשְׂמְחָה means ________________.

The root of וְנִשְׂמְחָה is שׂמח.

The root שׂמח tells us that "happy" is part of a word's meaning.

The Holiday Connection

שִׂמְחַת תּוֹרָה is a joyous holiday. Circle the word that means "happy" in שִׂמְחַת תּוֹרָה.

What does the second word mean? ________________

What do we celebrate on שִׂמְחַת תּוֹרָה?

____

Root and Reading Practice

In each sentence below circle the word with the root שׂמח.
Practice reading the sentences aloud.

1 לְחַיִּים וּלְשָׁלוֹם, לְשָׂשׂוֹן וּלְשִׂמְחָה, לִישׁוּעָה וּלְנֶחָמָה

2 שַׂמְּחֵנוּ יְיָ אֱלֹהֵינוּ בְּאֵלִיָּהוּ הַנָּבִיא עַבְדֶּךָ

3 שְׂמֵחִים בְּצֵאתָם וְשָׂשִׂים בְּבוֹאָם

4 מְנוּחָה וְשִׂמְחָה אוֹר לַיְּהוּדִים, יוֹם שַׁבָּתוֹן יוֹם מַחֲמַדִּים

5 יִשְׂמְחוּ בְמַלְכוּתְךָ שׁוֹמְרֵי שַׁבָּת וְקוֹרְאֵי עֹנֶג

What does the root שׂמח mean? ____________

Reread the English translation of the excerpts from הַלֵּל at the beginning of the chapter on pages 86 and 87. Choose one phrase or sentence that illustrates the theme of joyful praise for God. Explain why you chose that particular example.

Your example: ____

Why you chose it: ____

About the Author

According to tradition, the author of most of the 150 psalms in the Book of Psalms (סֵפֶר תְּהִלִּים) was King David, who lived 3,000 years ago, and was probably the most important ruler of Israel. It was King David who made Jerusalem the capital city and spiritual center for the Jews. The wise King Solomon was David's son.

Do you know this song?

דָּוִד מֶלֶךְ יִשְׂרָאֵל חַי וְקַיָּם.

David, King of Israel, lives and endures.

Fluent Reading: אֲדוֹן עוֹלָם

אֲדוֹן עוֹלָם is a hymn sung in many synagogues at the conclusion of the service. אֲדוֹן עוֹלָם was probably composed by Rabbi Shlomo ibn Gabirol, a poet who lived in the eleventh century.

In אֲדוֹן עוֹלָם we emphasize that God is timeless, without beginning and without end. We express our deep trust in God and conclude the hymn with the comforting words: *God is with me, I shall not fear.*

• • • • • • • • •

Practice reading אֲדוֹן עוֹלָם aloud.

1 אֲדוֹן עוֹלָם אֲשֶׁר מָלַךְ   בְּטֶרֶם כָּל־יְצִיר נִבְרָא.
2 לְעֵת נַעֲשָׂה בְחֶפְצוֹ כֹּל   אֲזַי מֶלֶךְ שְׁמוֹ נִקְרָא.
3 וְאַחֲרֵי כִּכְלוֹת הַכֹּל   לְבַדּוֹ יִמְלֹךְ נוֹרָא.
4 וְהוּא הָיָה וְהוּא הֹוֶה   וְהוּא יִהְיֶה בְּתִפְאָרָה.
5 וְהוּא אֶחָד וְאֵין שֵׁנִי   לְהַמְשִׁיל לוֹ לְהַחְבִּירָה.
6 בְּלִי רֵאשִׁית בְּלִי תַכְלִית   וְלוֹ הָעֹז וְהַמִּשְׂרָה.
7 וְהוּא אֵלִי וְחַי גֹּאֲלִי   וְצוּר חֶבְלִי בְּעֵת צָרָה.
8 וְהוּא נִסִּי וּמָנוֹס לִי   מְנָת כּוֹסִי בְּיוֹם אֶקְרָא.
9 בְּיָדוֹ אַפְקִיד רוּחִי   בְּעֵת אִישַׁן וְאָעִירָה.
10 וְעִם־רוּחִי גְּוִיָּתִי   יְיָ לִי וְלֹא אִירָא.